KB040588

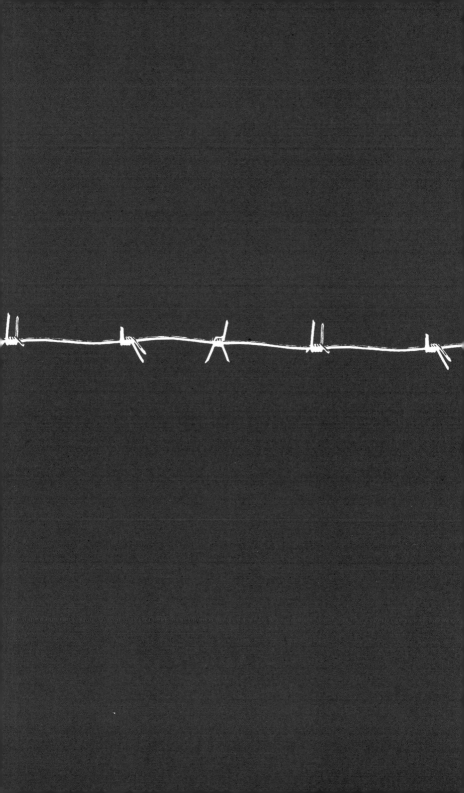

조난자들

남과 북,
어디에도 속하지 못한
이들에 관하여

주승현 지음

생각의힘

2부.   한반도의 조난자들

서문

일곱 살에 가출 아닌 가출을 했다. 그 며칠 전에 부모님을 따라 먼 친척이 살고 있는 도시를 방문했다가 정신을 빼앗겼다. 태어나 처음 만나는 화려하고도 웅장한 세상이었다. 그리고 우리 집은 그 도시에서 네 시간 정도 떨어진 외딴곳의 군부대 지역에 새로이 자리 잡았다. 사귄 지 얼마 안 되는 같은 반 친구 두 명을 꾀어 그 도시를 찾아 나선 것이다.

아침부터 학교에서 출발해 걷기 시작했다. 정오를 한참 넘겨서야 도착했고 그토록 바랐던 무궤도전차無軌道電車*를 타고 시내를 일주했다. 따라나섰던 친구들은 입을 다물 줄 몰랐고 나는 으쓱했다. 제법 큰돈을 챙겨온 탓에 도시에서만 구경할 수 있는 얼음보숭이(아이스크림)와 여러 종류의 길거리 음식을 친구들과 마구 사 먹었다. 그들도 처음 먹어본 것이 많았을 것이다.

무엇보다도 거대한 도시를 구경하는 재미에 시간 가는 줄 몰랐다. 당시 함흥시는 북한에서 '제2의 도시'라고 불리던 공업 도시답

---

*버스와 비슷한 모양이지만 전차선(trolley─線)으로부터 전력을 공급받아 운행하는 대중교통 수단.

게 공장의 높은 굴뚝에서는 연기가 솟구쳤고 고층 아파트와 도심의 가로수는 고혹적이었다. 도시 아이들은 훨씬 세련되어 보였다.

그러나 도시가 너무 커서인지 친척 집에서 하룻밤을 보내려던 계획은 실패했다. 겁이 덜컥 난 우리는 도시 인근 공사장의 가건물에 들어가 추위와 어둠을 견뎠다. 급기야 우리는 모두 울음을 터뜨렸고 그 소리를 듣고 달려온 생면부지의 아주머니에 의해 구조되었다.

아주머니 집에서 푸짐한 식사를 하고 잠자리에 들었는데, 그때까지만 해도 얼마나 큰일을 저질렀는지 몰랐다. 그날 학교뿐만 아니라 군부대에도 비상이 걸렸다. 선생님과 부모님, 군인들이 총동원되어 산이며 강을 샅샅이 훑고 다녔다. 다행히도 아주머니가 신고한 탓에 다음 날 아침 인근 군부대의 교환대交換臺로 소식이 전해졌고, 차를 타고 그곳에 도착한 부모들은 저마다 자식들을 붙들고 통곡 아닌 통곡을 해야 했다.

주범인 나는 그 후 집과 학교에서 고초를 치렀고 소년단의 첫 번째 입단자 명단에도 들어가지 못했다. 북한에서는 소학교(초등학교) 2학년이 되면 의무적으로 소년단이라는 정치조직에 가입해야 한다. 첫 입단식은 광명성절(김정일 생일인 2월 16일), 두 번째 입단식은 태양절(김일성 생일인 4월 15일), 세 번째 입단식은 소년단 창립절(6월 6일)에 진행된다. 우수한 학생들은 2월 16일에, 모범적이지 못한 학생들은 6월 6일에 입단했다. 소년단 가입식에서 학생들은 소년단 선서를 낭독하고 목에는 붉은색 넥타이를 매고 가슴에는 휘장을 다는데, 소년단 창립절까지 붉은색 넥타이를 매지 못한 학생들은 마을이나 학교에서 거의 얼굴을 들지 못할 정도로 평이 좋지 않은 학생으로 찍히게 된다.

가출 사건으로 나는 두 번째 입단식인 4월 15일에야 겨우 소년단에 가입했지만, 그로 인해 훗날 어머니는 얼굴을 들지 못할 정도로 부끄러웠다고 회고하시곤 했다.

공업 도시와 농촌의 중간에 위치한 군부대 지역은 대부분 타지에서 온 사람들과 그들의 자녀로 구성되었다. 도시와 농촌, 그리고 군부대 지역 각각에 학교가 띄엄띄엄 있었는데 도시 학생들은 영악스러움과 강단을 지니고 있었고, 농촌 학생들은 성실하고 근면했다. 새로운 지역에 적응해야 했던 군부대 학생들은 생활력이 강한 도시 학생들과 부지런한 농촌 학생들과 비교하는 선생님과 부모님의 잔소리를 자주 들어야 했다.

세 지역의 학생들은 번번이 충돌했고 우리는 어려서부터 선배들의 무용담을 자나 깨나 들었다. 팔은 안으로 굽는다고 농촌 학생들은 같은 토착민인 도시 학생들 편에 기울어져 있었으므로, 군부대 학생들은 두 지역 학생들의 도발에 동시에 응수해야 했다. 군부대 학교의 장점이라면 과외가 드물던 그 시절에 재능과 재간을 가진 군인들로부터 공짜 과외를 받을 수 있다는 점이었다. 나도 처음에는 여러 군인들로부터 수학과 여러 악기를 배우다가 결국에는 출처가 불분명한 태권도와 주체격술 같은 운동에 빠져 있었다. 사람들은 어릴 때부터 여러 진로를 생각한다지만 내 꿈은 북한을 떠날 때까지 딱 하나였다. 바로 직업군인이었다.

졸업하는 선배들로부터 "학교와 후배들을 너희가 지켜야 한다"는 신조를 물려받은 고학년이 되었다. 긴장한 채 준비했던 첫 전투는 학교별 소조(동아리) 경기장에서 일어났다. 남학생은 남학생끼리 여학생은 여학생끼리 목총木銃과 목검을 들고 일진일퇴의 격전을 벌이며 싸웠지만, 며칠 후 세 학교는 수뇌부들이 둘러앉은 자리에서 '화친조약'을 맺었다. 졸업한 선배들이 알면 경악할 일이었겠지만 사실 그 배경에는 국가적인 위기가 있었다.

북한이 사실상 '고난의 행군'•에 돌입한 그 시기에 공업 도시였던 그 지역이 전국적으로도 제일 먼저 타격을 입었다. 특히 도시 학생들 상당수가 경제적 사정으로 제대로 학교를 다니기 어려웠고 농촌의 사정도 어렵기는 마찬가지였다. 공업 도시 내의 수많은 공장들이 멈춰 섰고 그곳에서 직장을 다니던 사람들과 가족은 뿔뿔이 흩어졌다. 건물은 흉물로 전락했고 도심의 가로수들은 땔감용으로 뿌리까지 파헤쳐졌다. 거리에는 세련된 도시 학생들 대신 꽃제비들••이 늘어났다. 옥수수국수 한 그릇을 먹지 못해 시장 옆이나 다리 밑에서 서서히 굶어 죽어가는 이들도 많아졌다.

하룻밤 자고나면 비극 너머의 비극이 전해지던 어느 봄날, 나는 군에 입대했다. 일곱 살에 처음 집 너머의 세상을 경험한 때로부터

•
북한이 1990년대 중·후반 국제적 고립과 자연재해 등으로 극도의 경제적 어려움을 겪은 시기에, 이를 극복하기 위해 제시한 구호.

••
거리를 떠도는 북한의 노숙 아동.

정확히 십 년 후인 열일곱 살이 되던 그해, 군복을 입고 고향을 떠나던 그때가 지금까지도 돌아갈 수 없는 마지막이 되고 말았다.

한국행이나 월북이란 행위는 남과 북 모두에게 용서가 안 되는 중대한 '가출'이다. 일곱 살 무렵 함께 가출했던 세 명은 고향에서 가장 먼 지역의 민경대원(비무장지대 군인)에 지원하기로 의기투합했는데, 그중 하나가 약속을 깨고 집에서 가장 가까운 지역의 국경경비대로 갔다. 또 다른 친구는 부대 분류 과정에서 산골민경(도시에서 멀리 떨어진 지역의 비무장지대) 전투원이 되었고, 나는 시내민경인 개성 인근의 비무장지대DMZ에서 심리전 방송요원으로 복무했다. 몇 년 후 산골민경으로 친구를 면회 갔더니 그는 위질환으로 크게 고생하고 있었다. 당시 우리는 모두 군관학교(장교를 양성하는 군사학교)를 추천받아 준비하고 있었는데, 나만 급하게 한국으로 넘어왔다.

다시 십여 년이 지났다. 두 친구의 소식은 알 수 없다. 그들도 내가 와 있는 이곳이 더 넓은 세상이라고 생각할지 모르겠으나 정말 먼 곳으로 온 것은 틀림없어 보인다.

2017년 11월 13일, 북한군 병사 한 명이 판문점 공동경비구역JSA 내 군사분계선을 넘어 남쪽으로 넘어오는 일이 벌어졌다. 쫓아오던 북한군 추격조의 총을 맞고 군사분계선에서 불과 50미터 떨어진 곳에 쓰러진 그는 유엔군 헬기로 수원 아주대병원으로 긴급 후송되었다. 그는 지프를 몰고 탈출하다가 남측 초소 인근까지 접근했으나 지프 바퀴가 도랑에 빠지면서 차량에서 내려 남측으로 넘어왔다. 이 과정에서 북한군 추격조로부터 총상을 입고 정신을 잃었다. 그의 탈출 영상뿐만 아니라 치료 경과와 내장 상태까지 전국으로 중계되며 많은 논란을 빚기도 했다.

그날 이후 숱한 언론으로부터 매일같이 인터뷰 요청을 받았다. 나도 십여 년 전 그 병사가 탈출해온 지역의 인근 비무장지대에서 복무했으며, 그와 비슷한 경로로 탈출했기 때문이다. 그러나 언론이 진실을 원한다기보다는, 그저 그를 이용하고 있다는 불온한 생각이 들었다. 한국사회에서 살아오면서 체득한 의심이었고 불안이었다. 나는 결국 언론의 인터뷰 요청을 모두 거절했다. 다만 그가 속히 깨어나기를, 그리고 훗날 그가 목숨을 담보로 경계를 넘어섰던 그 선택을 후회하지 않기를 바랐다.

나는 흔히 말하는 북한 출신의 탈북민이다. 남북한 간의 대립과 대치는 이곳에서도 '조난자'의 삶을 살 수밖에 없는 처지임을 시사한다. 한반도는 분단 체제하에서 수많은 조난자들을 양산해냈다. 조난자들은 여전히 왜곡되고 피폐한 삶을 살아가고 있다. 통일을 이루지 않고서는 우리 사회의 모든 구성원들이 잠재적인 조난자의 운명을 배면背面에 깔고 있는지도 모른다. 그래서 이 책은 탈북민한 사람의 고백이기도 하지만, 분단사회에서 함께 살아가고 있는 여러 구성원들에 관한 이야기이기도 하다.

1부

사선을 넘어
다시 사선으로

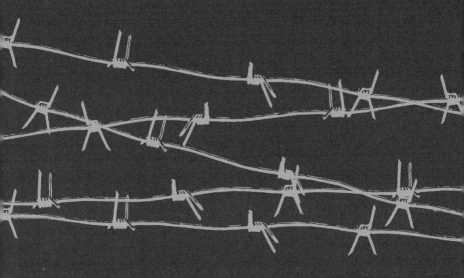

"저쪽에서 살았던 시간과
이곳에 와서 살아남고자
버둥거렸던 노력이 다시 합쳐지면
언젠가 저곳에 닿을 수 있지 않을까?"
여전히 분단선에 선 채
혼잣말처럼 중얼거렸지만,
진정한 자유에 대한 갈망만큼은
그 어느 때보다 절실했다.

1

스물두 살, 경계를 넘다

그해 겨울밤, 찬바람이 휴전선 철조망에 부딪혀 꺼이꺼이 울음을 토하던 그 밤에 비무장지대 북한군 심리전 방송국에서 근무하던 나는 목숨을 건 귀순을 감행했다. 내게는 방금 전까지 동료였던 북한군으로부터 내 자신을 지킬 AK자동소총뿐이었다. 북한군 GP Guard Post(경계초소)에서 한국군 GP까지 뛰어가는 데 걸리는 시간은 단 5분, 걸어서 10분이 채 걸리지 않는 거리였지만, 그곳에는 남북 분단의 70년이라는 긴 시간이 멈추어 있었다. 그 길은 북한에서 보낸 스무 해 넘는 인생을 뒤로하고 내딛은 목숨 건 노정이었다.

귀순은 사실 미처 상상하지 못한 일이었다. 군 특수병종에 뽑혀 비무장지대에서 근무하는 민경대원으로 선발되려면 출신 성분뿐만 아니라 사상과 체력까지도 높은 기준을 통과해야만 한다. 특히 민경대원 중에서도 계급적 각성이 높은 자만 선발되는 심리전 방송국에서, 나는 어린 나이에 전선지대 방송국 한 곳을 책임진 방송조장 직무를 수행했고, 적과 아군이 대치한 전초선이자 대북 방송과 대남 방송이 뒤섞여 충돌하는 남북의 분단 상황을 6년간 목도했다.

북한에서는 어려서부터「우리의 소원은 통일」이라는 노래와 "조선은 하나다"는 구호를 들으며 성장한다. 어릴 때 잘 이해되지 않는 부분이 있었는데, 한반도 지도가 그려져 있는 포스터에 적힌 "조선은 하나다"라는 구호였다. 체득한 논리대로라면 남북한은 원래부터 한 민족이고 남조선은 미군이 일시적으로 강점하긴 했지만 곧 그들을 몰아내고 통일할 텐데 군이 "조선은 하나다"라고 강조할 필요가 있을까 하는 의문이었다. 지금 생각해보면 어린 나이임에도 통일의 당위가 머릿속에 잠재해 있었던 것 같다. 비무장지대는 마음만 먹으면 쉽게 걷어낼 수 있는 철책선으로 보였고 그래서 북한 주민들은 '휴전선'보다는 '38도선'이라는 용어에 더 익숙한지도 모른다.

행복했던 기억이 요람의 꿈이라도 되듯, 급작스럽게 찾아온 나라의 위기는 중·고등학교 내내 계속되었다. '고난의 행군' 시기의 대기근은 마을과 거리에 안개처럼 스며들었다. 내가 살던 한적한 군부대 지역으로 부모 잃은 아이들과 식량을 찾아 나선 사람들이 밀려들었고 군인들은 주요 길목을 차단했다. 가끔 시내로 나가면 굶주려 쓰러진 사람들을 심심치 않게 목격할 수 있었다.

한번은 굶주린 채 건물 귀퉁이에 앉아 있던 내 또래로 보이는 여자에게 빵을 사서 내민 적이 있었다. 그러나 빵이 그의 입가에 닿기도 전에 주변에서 맴돌던 개가 낚아채 도망쳤고 나 또한 황급히 줄

행랑치면서 공포감에 제대로 뒤를 돌아볼 수 없었다. 그 이후 오랫동안 다 죽어가는 동포를 내가 더 이상 도울 수 없을 것이란 절망에 휩싸이기도 했다.

모든 것이 미국과 남조선 괴뢰도당 탓이라고 했다. 선군先軍정치로 고난을 이겨내고 남조선을 해방해야 한다고 했다. 수령의 전선 시찰 뉴스와 전선의 노래가 크게 울려 퍼졌고 비무장지대에서 도발한 괴뢰군(한국군)을 쫓아서 북한 군인들이 남측의 민통선까지 내려갔다가 가슴을 치며 되돌아서야 했다는 출처 없는 소문이 사람들의 입에 오르내렸다. 남조선을 해방하면 호남의 기름진 곡창지대에서 지은 한 해 농사만으로도 남북한 주민들이 3년은 먹는다는 소문도 무성했다. 민족으로서가 아닌 생사의 문제로서 통일이 절박하게 인식되던 때였다.

열일곱 살이 되던 해, 고등학교를 졸업하고 군대에 입대했다. 아버지는 자신이 계셨던 공군에서 복무할 것을 바라셨지만, 나는 비무장지대를 고집했다. 지금은 사병 복무 기간이 10년으로 단축되었지만 당시에는 13년이었다. 통일을 향한 '성스러운 남진'(남한 진격의 길) 명령이 내려지면 군 복무를 안 해도 될 것이라는 다소 이상적인 생각도 있었다. 처음 접한 비무장지대의 풍경도 그러한 생각을 충분히 뒷받침해주고 있었다. 하루 24시간도 모자란 듯이 남북한은 서로를 향해 고성능 확성기로 심리전 방송을 내보냈고 비무장지대 밖에서 쉼 없이 쏴대는 중화기의 사격 훈련 소리와 들짐승이

스치기만 해도 폭발하는 지뢰의 폭발음, 가끔씩 오발인지 도발인지 모르게 상대 구역으로 날아드는 적의 총탄 등은 바로 이곳이 일촉즉발의 대결장임을 증명하는 듯싶었다.

2000년에 들어서면서 시작된 남북한 간 급작스러운 해빙의 징조 또한 비무장지대에서 먼저 감지할 수 있었다. 지뢰로 인해 희생자와 부상자가 속출했던 군사분계선 순찰 횟수가 줄어들었고, 서로를 비방하던 양측 심리전 방송의 수위는 낮아졌으며, 전단지 살포도 전면 중단되었다. 곧이어 남북한 정상회담 소식이 전해졌고, 얼마 지나지 않아 비무장지대의 철책을 절단하고 GP를 옮겼으며, 지뢰를 들어낸 자리에는 서울~신의주 철도와 문산~개성 도로를 다시 잇는 공사가 시작되었다.

근무하던 초소에서 남측의 도라산역이 착공되고 완공되는 과정을 처음부터 끝까지 지켜볼 수 있었다. 남북 관계가 평화적으로 개선될 것이라는 소문이 주민과 군인들 사이에서 파다했다. 비무장지대 인근 지역에 개성공단이 들어선다는 발표가 있자, 군 복무를 마친 이들은 대학을 추천받거나 직업을 받아 고향으로 돌아가는 대신 개성공단에서 일하기를 희망했다.

몸담고 있던 심리전 방송국에도 변화가 있었다. 우리는 남한의 대북 확성기를 무력화하기 위한 제압 방송을 운용했으나 그마저도 장비와 물자가 턱없이 부족하여 제대로 임무를 수행하기 어려웠다. 공세적인 대북 심리전 방송을 속수무책으로 들어야 하는 날이 거듭되면서 의도치 않게 남한사회의 정보를 많이 알게 되었다. 어느덧 육안으로 확인되는 한국군 GP 병사들을 뻔히 앞에 둔 채 '위험한 재미'를 찾아 여름이면 뱀장어와 잉어 잡이로, 가을이면 밤을 주우며, 겨울이면 비무장지대 안에 찾아든 기러기와 물오리 사냥으로 자연과 계절이 주는 포만감을 만끽하는 재미도 제법 쏠쏠했다.

　6년째 군 복무 중이던 나는 한편으로는 직업군인이 되기 위한 군관학교 준비도 차근차근 진행했다. 그러나 세상이 바뀌는가 싶었던 그즈음 아버지가 돌아가셨다는 소식을 들었으며, 무슨 이유에선지 군관학교 입학도 보류되었다. 그리고 존재와 인생과 세상에 관한 깊은 고민이 엄습했다. 무엇인지 모를 열망과 슬픔과 고독이 나를 에워쌌다. 봉쇄하고 분쇄해야 할 남측의 심리전 방송이 도리어 한줄기 희망처럼 느껴졌다. 젊음의 치기에 두려움은 없었다. 나는 숱한 번민을 물리치고 한국행을 결심했다.

　내가 빠르게 탈북을 결심할 수 있었던 것은 비무장지대에서 수년간 근무한 탓에 주변 지형이 익숙했고 서로를 감시하는 전투원이 아닌 전선 지역의 방송국을 책임진 조장의 위치에 있었기 때문이다. 특히 GP 초소 군인들은 상대적으로 편한 보직의 방송요원들에게 좋지 않은 감정을 갖고 있는데, 나는 GP 초소의 군관, 하사관들과도 비교적 좋은 관계를 유지하고 있었다. 명절 때나 경비병들이 힘들 때 직접 방송요원들을 데리고 매복 근무를 대신 나가기도 했다. 그리고 방송국은 비무장지대 군인들이 접하기 어려운 물품과 우편물을 전달하는 통로 역할도 했다. 그런 탓인지 엄격한 인원 검열도 거의 없었고, 덕분에 나는 깊은 밤 어둠에 몸을 숨기고 방송국을 나설 수가 있었다.

비무장지대의 북한 지역에 설치된 1만 볼트 고압전기가 흐르는 4선 철조망과 촘촘한 매복호, 각종 장애물과 겹겹의 철책선, 넓은 지뢰 구역을 지나고 전방 탐지 기기의 추적을 피하면서 마침내 군사분계선을 넘었다.

귀순 사실을 알리고자 허공에 총을 연발로 쏘며 탈출 25분 만에 한국 측 GOPGeneral Outpost(일반전초) 초소에 도착했다. 아마도 한국에 홀로 들어온 탈북민 중 북한에서 남한까지 최단 시간 내에 넘어온 사례에 속할 것이다.

가끔 십여 년 전 그때의 선택을 후회하지 않느냐는 질문을 받는다. 한국행을 결심한 것에 대해선 추호의 후회도 없다. 다만 비무장지대를 가로질러야 했던 죽음의 노정을 생각하면 지금 다시 실행할 수 있을지 선뜻 확신이 서지 않는다. 아마 물불을 가리지 않던 이십 대의 젊은 치기라서 가능했을 것이다.

목숨을 걸고 넘어온 만큼 자유와 희망에 대한 기대는 컸다. 그러나 얼마 지나지 않아 내게는 단지 탈북자, 새터민, 북한이탈주민 등으로 구분 짓는 호칭 중 내키는 것을 선택해야 하는 자유만이 주어지는 듯했다. 북한을 탈출하여 넘어온 이들이 이방인으로 취급

받고 있는 사회에서 내가 기댈 곳은 없어 보였다. 귀순자로서의 정체성 혼란과 상대적 박탈감은 심한 좌절과 절망으로 추락하는 듯했다.

간혹 사람들은 비무장지대를 넘어온 군 출신자에 대한 대우와 보상에 대해 묻곤 한다. 하지만 2000년대 이후 군 귀순자에 대한 배려와 관심은 사라졌고 오히려 군 출신 귀순자는 춥고 어두운 동면冬眠을 강요당해야 했다. 심지어 그들은 탈북민사회에서조차 주변부로 밀려나고 왕따가 된다. 같은 탈북민 처지이지만 어떻게 부모 형제를 버리고, 그것도 휴전선을 통해 넘어올 수 있느냐는 힐난과 경계의 시선을 온몸으로 감당해야 한다.

그뿐이 아니다. 군 귀순자들 대다수는 '노크귀순' '호출귀순' '숙박귀순' '대기귀순' 등의 (한국군의 감시망을 뚫은) 당사자라는 이유로 연 4,000회가 넘는 군부대의 안보 강연에도 초청받지 못한다. 이는 생계의 문제와 직결된다. 다만 어떤 사회적 문제가 발생할 때 사람들의 관심을 다른 곳으로 돌리기 위한 장치로서 '귀순'이라는 상징이 동원되기도 한다. 2015년 메르스 사태로 사회가 어수선할 때 "함흥에서 200킬로미터를 걸어서 귀순한 병사"에 대한 냄비 같은 뉴스가 언론 매체를 뒤덮었다. 그들은 친절하게도 귀순 동기와 소속 부대, 보직과 고향, 경로와 귀순 당시의 제스처까지 낱낱이 조명했다. 어린 귀순자는 한국사회에서도 대중의 시선에서 자유롭지 못한 자신의 처지를 비관했다. 그는 분단사회가 만든 피해자이자 아무도 신경 쓰지 않았던 또 한 명의 조난자였다.

그렇다면 2017년 현재 3만 명*을 넘어선 탈북민 중에 휴전선을 넘어온 북한군 귀순자는 얼마나 될까. 한국사회가 통일의 모델로 벤치마킹하려는 독일과 비교하면 차이가 확연하다. 동서독을 가로지른 베를린장벽이 설치된 1963년부터 그 장벽이 붕괴된 1989년까지, 서독으로 탈출해온 동독 군인은 장교와 부사관 595명, 병사 1,469명 등 모두 2,064명이었다. 그들은 동독 붕괴의 도화선이 되었다.

한국의 경우 탈북민의 입국이 본격화 된 2000년부터 2017년까지 휴전선을 넘어온 북한 군인은 나를 포함하여 고작 8명이다. 단순한 숫자 비교보다는 탈북 이후 한국사회에서의 삶이 중요할 것이다. 먼저 온 선배들도 제대로 정착하지 못했는데 후배 귀순자들이 더 잘 정착할 것이라는 기대는 섣부르다. 목숨 걸고 넘어온 그들은 과연 행복하게 정착하고 있을까.

언론을 통해 잘 알려진 '호출귀순'과 '노크귀순'의 주인공인 엘리트 장교와 부사관 출신의 귀순자는 한국사회에 적응하지 못하고 실형을 선고받아 현재 교도소에서 복역 중이다. '숙박귀순'으로 언론을 뜨겁게 달구었던 주인공은 자신에 대한 신속하고도 자세한 정부의 정보공개로 신분이 노출된 탓에 어디를 가든 자유롭지 못하다. 일부는 탈남脫南**하여 외국을 떠돌고, 또 일부는 외상후스트레스 장애를 겪으며 힘겹게 살아가고 있다. 안타깝게도 막노동판을 전전하다가 불구가 된 이도 있다. "목숨 걸고 휴전선을 넘어온

●
통일부는 2017년 10월까지 대한민국에 입국한 탈북민의 수는 3만 1,093명이라고 발표했다. 이 중 여성이 2만 2,135명으로 71퍼센트를 차지한다. 대부분의 탈북민은 중국과 제3국을 통해 입국하는 반면, 휴전선을 통해 입국하는 이들은 극히 드물다.

●●
탈북민 중 적지 않은 이들이 다시 한국을 탈출(탈남)한다.

것이 후회될 뿐이다." 언젠가 교도소에 수감 중인 귀순자를 면회 갔던 날, 창살 너머 저편에서 그가 던진 한마디가 가슴에 비수처럼 꽂혔다.

대북 심리전 방송은 비무장지대의 북한군을 겨냥한 것이다. 비무장지대 밖으로는 대북 심리전 방송이 잘 전달되지 않는다. "요즘 같은 타이밍에 대북 심리전 방송을 듣고 휴전선을 넘어왔다고 말하는 귀순자가 있으면 얼마나 좋을까요." 다시금 북한붕괴론이 횡행하던 2016년의 어느 날, 대북 방송 관계자의 희망 사항이 담긴 발언에 씁쓸하게 웃고 말았던 적이 있다. 지금까지 넘어온 얼마 안 되는 귀순자도 남북한 양측의 합의로 심리전 방송을 중단했던 시기에 대부분 넘어오지 않았는가. 최근 대북 확성기 방송으로 보로금報勞金***에 대한 정보를 반복하여 내보내기 시작한 배경에는 그만큼의 절박함이 배어 있는 것이다. 그렇다고 한들 보로금을 받겠다고 탱크나 장사정포를 끌고 휴전선을 넘어오는 것이 현실상 가당키나 한 것인가.

북한에서 비무장지대에 군무하는 군인들은 제대 후 탄탄대로가 보장된다. 그런 그들도 심리전 방송을 통해 남한을 동경한 나머지 자신들의 기득권을 버리고 한국으로 넘어올 수 있다. 하지만 대북 확성기는 또 다른 한국의 존재에 대해서는 충분히 말해주지 않는다. 자유로운 사회인 것은 맞지만 직업은 아니더라도 기술 배우는 것조차 제대로 보장되지 않는다는 사실과 탈북민사회에서조차 귀

***
반국가 단체나 그 관련 구성원이 자신의 조직으로부터 취득한 물품을 수사기관이나 정보기관에 제공했을 경우 국가가 지급하는 보상금을 말한다.

순자들은 떳떳하지 못한 존재로 자리한다는 것을 과연 그들이 한 번이라도 상상해봤을까. 만약 이러한 사실을 미리 인지한다면 목숨 걸고 넘어올 만한 이유는 이미 상당 부분 상실될 것이다.

제2차 세계대전의 패전국 독일은 1945년 미국·영국·프랑스·소련 등 4개국에 의해 분할 점령되었고, 1949년 동독과 서독으로 분단되었다. 동독과 서독은 본격적인 체제 경쟁에 돌입했고, 눈부신 경제성장을 이뤄낸 서독을 동경하던 동독 주민들은 1961년까지 250만 명이 탈동독하여 서독으로 건너갔다.

1961년 8월 13일, 위기의식을 느낀 동독 공산당은 소련의 지원을 받아 동~서 베를린을 연결하는 13개의 주요 도로와 80여 개의 거리에 철조망을 설치하고 베를린장벽을 건설하며 봉쇄에 들어갔다. 베를린 시민들은 눈앞에 벌어진 광경에 경악했다. 그러나 불과 이틀 후인 8월 15일, 동독의 군인이었던 한스 콘라드 슈만Hans Conrad Schumann이 분단선을 뛰어넘어 맨 처음 탈출했고, 28년 후 1989년 11월 베를린장벽이 붕괴될 때까지 2,000명이 넘는 장교와 병사들이 서독으로 목숨을 걸고 건너왔다.

콘라드 슈만은 냉전시대에 자유의 아이콘으로 상징되었으나, 그는 서독으로 건너간 후 오랫동안 우울증과 외로움에 시달렸고 독일이 통일된 후인 1998년, 스스로 목숨을 끊었다. 그의 나이 56세였다. 그는 유서를 남기지 않았지만 많은 사람들은 그 죽음의 이유를 알고 있다. 결국 그 역시 베를린장벽의 수많은 희생자 중 한 명이었던 것이다.

    스물두 살에 분단선이라는 경계를 넘어온 귀순자가 서야 했던 곳은 남북한 어느 쪽에도 속하지 못한 경계인의 위치였고 내가 마주한 것은 그날의 겨울밤보다도 더 찬 바람이 휘몰아치는 치열한 생존과 경쟁의 세계였다.

베를린장벽을 넘어 탈출한 최초의 동독 군인 출신의 한스 콘라드 슈만. 이 사진은 "자유를 향한 도약"이라고
명명되었으나, 그는 탈출 후 우울증과 외로움에 시달리다가, 통일 후 고향에서 자살했다.

2

사선을 넘어 또 다른 사선에 서다

군사분계선을 넘은 뒤 한국군 GP를 지나쳐 GOP로 신속하게 이동했다. 비무장지대 안에서는 남과 북 어느 쪽도 안전하지 않다는 것을 수년간 경험했기 때문이다. 군사분계선을 넘으면서부터 귀순 사실을 알리고자 허공에 총을 연발로 쏜 탓에 매캐한 화약 냄새가 전투방한복에 스몄고 냄새가 채 가시기도 전에 GOP에 도착하여 군홧발로 철책선을 찼다.

잠시 후 철책선을 가운데 두고 한국군 군인들과 마주섰다. 앳된 얼굴의 초소장은 신분 확인 후 무장해제를 요구했다. 비무장지대를 속히 벗어나고 싶은 나의 생각을 멈춰 세운 것은 예상치 못했던 초소장의 다음 요구였다. "입고 있는 방한복도 전부 벗어주세요." 방금 헤쳐온 어둠길로 북한군 추격조가 들이닥칠 것만 같은 긴박한 순간이었지만 차마 전투 방한복만은 벗을 수가 없었다. 포로가 아닌 귀순자라는 자존심뿐만 아니라 엄동설한의 비무장지대에서 초췌한 모습으로 벗겨지는 것에 대한 본능적인 거부였다. 팽팽한 신경전이 흐른 뒤 초소장은 고집을 거두고 병사들에게 철책선 절단을 명령했고 나를 비무장지대 밖으로 인도했다.

"제가 두 살 형이네요." 군용 지프에 오른 나에게 초소장이 말을 건넸으나 차가 출발하는 바람에 대화를 잇지 못했다. 달리던 차는 어느 곳에선가 정차했고 밖에서는 한동안 실랑이가 벌어졌다. 군 본부가 먼저라는 쪽과 중앙합동신문센터°로 먼저 가야 한다는 쪽의 언성이 오갔으나 나는 개의치 않았다. 이제는 안전하다는 안도감이 심한 피로감과 함께 몰려왔다.

"너 왜 왔어?" 짧은 휴식을 마친 나에게 던진 담당관 A의 첫 질문은 싸늘했다. '혹시 방한복을 벗지 않은 것 때문인가?' 오만 가지 생각이 스쳤고 얼떨결에 내뱉었다. "그럼 다시 돌아갈까요?" 아차 싶은 생각이 끝나기도 전에 공포가 엄습했다. "그런 태도면 이곳에서 영원히 나갈 수 없어." 비로소 나는 대북 확성기 방송과 남측에서 날려 보낸 전단지 속의 배려와 환대는 실제로는 존재하지 않는다는 것을 직감했다. 비무장지대라는 사선을 넘어왔지만 또 다른 사선이 나를 기다리고 있다는 것도, 오기뿐만 아니라 자존심도 내려놔야 한다는 사실도 받아들여야 했다.

조사 기간 내내 고압적인 태도로 일관했던 A와 달리 담당관 B는 부드러운 태도로 나를 대했다. 다소 긴장하고 불안한 내 시선의 대부분은 B가 위치한 방향을 더듬었다. 식사도 거른 채 안절부절못하던 내게 B가 내민 봉투에는 삶은 달걀이 가득 들어 있었다. 삶

°

중앙합동신문센터는 북한이탈주민을 수용하고 수사하는 국가정보원 소속 기관이다. 탈북민을 조사하면서 인권 침해가 있었던 것이 드러나면서 2016년에 '북한이탈주민보호센터'로 명칭이 바뀌었다.

은 달걀을 좋아한다면서 앉은 자리에서 네댓 개를 해치우는 그의 모습에 그제야 나도 손을 움직였다. 대북 방송에서 익히 들었던 먼저 온 귀순자들의 이름을 거론하면서 그들 대부분을 맡아 이곳에서 내보냈다고 했다.

처음에는 A와 B의 태도나 몸짓이 역할 분담인 줄 알았으나 본시 그들의 캐릭터가 그런 거였다. 내가 A를 경계하고 불편해하는 것을 알았는지 일상적인 대화는 대부분 B와 나눴다. 지금 그들은 퇴직하여 제2의 인생을 살고 있다. A는 이따금씩 만날 때마다 구상 중인 사업들을 얘기하는데 선뜻 실행하지 못하는 눈치다. 반대로 B는 일찌감치 귀농을 선택했다. 가끔 봄이면 그의 농사를 도와주고 가을이면 일한 대가로 수확물을 받아온다. 우리는 그곳에서의 일들을 얘기하지 않는 대신 탈북민의 삶에 대하여, 살아가야 할 미래에 대해 대화한다. 삶은 달걀을 챙겨 여행 비슷한 것도 함께한다.

귀순자든 탈북민이든 입국 후 처음 마주치는 사람들은 중앙합동신문센터 관계자와 통일부 직원, 그리고 신변 보호를 담당하는 경찰들이다. 탈북민에게 처음 인식되는 대한민국의 첫인상은 그들을 통해 형성된다. 그렇게 인식된 국가의 이미지는 참으로 오래간다. 좋은 이미지로 인식되면 괜찮은 나라에 와서 살고 있다는 자부심과 고마움을, 나쁜 이미지가 각인되면 두려움과 경계심, 그리고 피해 의식을 가지고 살 수밖에 없다. 처음에 어떤 모습과 태도를 보느냐에 따라 적대와 감사의 마음, 혹은 양가감정을 지니게 된다. 그래서 그들을 대상으로 강의할 기회가 있으면 이 부분을 특별히 강조한다. 강의가 끝난 후 어떤 사람은 업무상 어쩔 수 없는 환경적 고충을 토로하기도 하고, 또 어떤 사람은 가볍게 생각했던 부분인데 그처럼 중요한지 몰랐다고 고백하기도 한다.

한편 탈북민은 한국에서 사회구성원으로 자리하고 인정받기 위해 오랜 기간에 걸쳐 탈북민사회의 호소와 집단행동을 통해 노력해왔다. 소수자가 피해자로 전락하면 안 된다는 외침으로부터 평등한 국민으로 봐달라는 호소까지, 통일의 동반자로 함께하고 민주사회의 일원으로 참여하기까지의 과정은 민주주의의 발전과 그 궤를 함께해왔다고도 볼 수 있다.

탈북민의 첫 집단행동은 1990년대 중, 후반 중앙합동신문센터에서 고문과 구타를 당했다고 주장한 여러 탈북민의 법정 소송과 그들을 도왔던 이들로부터 시작되었다. 피해자라고 주장한 탈북민은 결국 패소했지만, 탈북민을 대상으로 한 비인간적 행태에 대한 첫 문제 제기로 언론과 사회의 주목을 받았다. 중앙합동신문센터는 지금도 탈북민 간첩 사건 등으로 논란의 중심에 서고는 한다.

두 번째로 세간의 주목을 받았던 것은 탈북민에 대한 국가의 비민주성에 대한 집단행동이었다. 2000년대 중반까지 탈북민에게는 복수여권이 아닌 단수여권만 발급되었다. 이는 같은 국민임에도 탈북민이라는 이유만으로 차별받은 것이다. 탈북민과 여러 단체들이 항의 시위에 나서고 소송을 제기한 덕분에 결국은 여권 발급 기준이 완화되었다.

세 번째는 탈북민 정책의 비효율성에 대한 것으로, 수십 가지로 난무하는 탈북민에 대한 호칭조차 제대로 정립하고 있지 못한 정부 정책과, 남북하나재단˙이나 북한인권법 시행령 제정 등의 과정에 탈북민이 참여하지 못한 것에 대한 항의였다. 특히 2016년 10월에는 30개의 탈북민단체가 사상 처음으로 연합하여 탈북민과 관련된 사업에 탈북민의 참여를 보장하라는 집회를 열었다. 이는 탈북민 정책과 사업을 자기들만의 일자리 창출과 퇴직 관료의 재취업 도구로 전락시키면서도, 정작 당사자인 탈북민을 배제하고 있는 데 따른 항의였다.

최근에는 지금까지와는 다른 양상들이 전개되고 있다. 탈북민 청년들을 중심으로 북한 문제나 탈북민 문제가 아닌 사회 이슈 전반에 대한 적극적인 참여가 많아졌다. '박근혜·최순실 게이트'로 촉발된 광화문 촛불집회에 자신들의 정체성을 당당하게 밝히며 참여한 탈북민 청년들이 많아졌다는 사실은 탈북민사회의 지형 변화를 예고하는 것이기도 하다. 이는 '진보적 광장'에 참여해서는 안 된다는, 탈북민사회의 암묵적인 금기를 넘어서는 것이었다. SNS를 통해 촛불집회 사진과 정보를 공유하며 집회에 함께할 친구들을 모집하는 탈북민 청년들은 너무나 초연했다.

그들의 모습을 보며 '2008년 광우병 촛불집회'가 생각났다. 진보적 성향의 한 친구가 촛불집회 현장에 가자고 했을 때, 당시 보수

˙

남북하나재단은 통일부 산하 공공기관으로, 북한이탈주민 지원 사업을 담당하고 있다. 법률상 명칭은 '북한이탈주민지원재단'이지만, 2014년부터 '남북하나재단'이라는 대외 명칭을 사용하고 있다.

적 성향을 가지고 있던 나는 처음에는 완강히 거절했었다. 정치학을 전공하는 사람은 정치적·역사적으로 중요한 현장을 경험하고 기록해야 한다며, 그는 나를 설득했었다. 그 시절을 기억하며 촛불집회가 열리던 광화문광장에서 그 친구에게 전화했더니, 그는 보수 진영의 태극기집회에 참여하고 있었다. 사람은 속절없이 변하기도 하는 존재라는 것을 새삼 깨닫는다. 세월과 환경은 그렇게 무섭다.

현재 2,000명이 넘는 탈북민 청년들이 대학과 대학원에 재학 중이다. 남북한 사회를 모두 경험하고 민주주의를 적극적으로 학습하며 성장하고 있는 그들의 새로운 역할에 우리는 주목할 필요가 있다.

중앙합동신문센터에서 내가 조사받던 기간은 다른 탈북민에 비해 갑절이나 길었다. 식당에서 탈북민을 처음 보았는데 어른뿐만 아니라 아이들도 꽤 있었다. 탈북하기 전 대북 확성기와 전광판을 통해 듣고 보았던 탈북민의 입국 현황이 과장된 것이라 생각했는데, 그건 사실이었다. 아이들과 친해지고 싶어 식사 시간이면 온갖 간식을 싸들고 식당에서 기다리곤 했다. 어른들과 달리 경계라는 것을 모르는 아이들은 나를 스스럼없이 삼촌이라 불렀다. 그 아이들이 지금은 고등학생이 되고 대학생이 되었다. '회령 꼬마 아가씨'로 불렸던 여자아이는 얼마 전 대학을 졸업하고 결혼했다.

낯익던 사람들이 보이지 않으면 하나원*으로 간 것이라고 했다. 담당관에게 왜 나만 잡아두냐고 항의했더니 하나원이나 사회에 나

가는 것보단 이곳이 더 편할 것이라고 했다. 어이없는 대답에 조사를 거부하고 단식을 시작했다.

난감해하던 담당관이 나를 차에 태우고 서울 투어에 나섰다. 비무장지대에서 남쪽을 보며 평소 궁금했던 것이 셋 있었다. 첫 번째는 파주의 자유로를 달리던 수많은 자동차들이었다. 비무장지대 근무 시절 가깝게 지내던 정치장교에게 자유로에 차가 많다고 하자, 대뜸 남조선의 모든 고속도로는 자유로를 통해서만 진입해야 하기 때문에 많아 보이는 거라고 했다. 두 번째는 휴전선 남쪽 155마일의 철책선을 따라 어둠을 밝히고 있는 아득한 불빛이다. 정치장교는 워낙 남쪽이 북쪽을 무서워해서 전기를 끌어다가 철책을 밝히고 있는 거라고 했다. 세 번째는 남쪽의 우거진 나무숲에 대한 것인데, 정치장교는 그에 대해선 별다른 답을 내놓지 못했다. 그도 궁금했을지 모르겠다.

내 궁금증에 대한 남쪽 담당관의 답변은 솔직하고도 담백했다. 자기는 자가용을 두 대 가지고 있는데, 그중 연식이 오래된 것은 내게 공짜로 줄 수 있다고 했다. 문제는 차량유지비용이라고 했다. 서울 시내를 환하게 밝히고 있는 야경에 대해서는, 빌딩의 불빛 아래서 밤늦게까지 고되게 일하는 사람들을 생각해보라고 했다. 나무가 많긴 하지만 서울 공기가 별로라면서 밤하늘을 보라고 했다. 남쪽 하늘에선 별이 잘 안 보인다는 사실을 처음 알게 되었다.

서울 투어를 하면서 고민은 커져갔다. 일자리는 알아서 찾아야 한다. 서울에 거주하고 싶으면 임대주택을 받아야 하는데, 하나원에서 탈북민끼리 추첨하여 당첨되어야 한다고 했다. 경쟁률이 높다는 말도 빼놓지 않았다. 혈혈단신에, 아는 것도 제대로 없다는 사실에 온갖 두려움이 밀려왔다. 사실 '멘붕'은 이미 겪어보았다. 비무장지대에서 대북 확성기를 제압하는 업무를 수행했으므로, 다른 건 몰라도 남한에서의 일상적인 의사소통에는 자신 있었다. 하지만 그 자신감은 하루를 넘기지 못했다. 처음으로 「KBS 뉴스」를 보는 순간 알아들을 수 있는 내용이 거의 없었던 것이다. 뉴스, 앵커, 여당과 야당, 슈퍼마켓이나 인터넷과 같은 일상적 용어조차 처음 접하는 것이었다. 머릿속이 혼란스러워 TV를 꺼버렸다. 나중에 알고보니 대북 방송은 북한 주민들이 알아들을 수 있게끔 북한에서 쓰는 용어로 교정하여 내보냈던 것이다. 담당관의 걱정이 진심으로 다가왔다.

중앙합동신문센터에서 잔류가 내 의지가 아니듯이 하나원에서의 생활도 만만치 않았다. 하나원에 도착한 날부터 나는 이른바 왕따였다. 중국과 제3국을 거쳐 오면서 대부분 서로 잘 알고 있는 이들과 달리 휴전선을 넘어 건너온 이는 나 혼자였다. 태국으로 함께 왔으면 '태국패', 베트남으로 왔으면 '베트남패', 라오스로 왔으면 '라오스패'로 불렸는데, '패'에 소속되어 있는 그들이 그렇게 부러울 수가 없었다.

특히 견디기 힘들었던 것은 나를 대하는 그들의 태도였다. 내가 비무장지대에서 근무한 군인 출신이라는 것이 소문나면서 탈북 과정에서 그들이 겪었던 여러 가지 험한 경험들이 분노로 표출되어 나에게 돌아왔던 것이다. 북한 주민들의 탈북을 총으로 막았던 국경경비대 소속이 아니었음에도 비무장지대에서 근무했다는 이유만으로 나를 공격하는 그들을 당시에는 이해할 수 없었다. 정착 프로그램에도 참여하기 싫어졌고 숙소에서 나오지 않거나 덩그러니 잔디밭에 혼자 앉아 있기 일쑤였다. 그런 내가 안쓰러웠던지 아이들이 하나둘씩 먼저 다가왔고 시간이 흐르자 형, 누나의 이름으로 고향 사람들이 다가왔다.

그들에게 정이 들수록 하나원 퇴소 후 혼자 살길이 막막했다. 하나원에서 보내는 기간이 너무 길다고 푸념하는 이들도 있었지만, 나는 가능하다면 그곳에 더 있고 싶었다. 추운 겨울 남쪽에 와서 무덥던 한여름에야 하나원을 퇴소했다. 기껏 정들었던 이들과 헤어져야 한다는 사실에, 우리의 얼굴에선 땀인지 눈물인지 모를 것이 마구 쏟아졌다. 나를 데리러 온 담당 경찰은 그 모습을 보고 기가 찼던지 한마디했다. "여긴 북한하고 달라서 보고 싶으면 언제든 서로 만나면 돼요."

세월이 흘러 나는 간혹 강사가 되어 하나원에 들어간다. 그곳에 갈 때마다 강의실에 앉아 있기조차 힘들다. 제대로 프로그램에 참여하지 못했던 시간들이, 마치 어제 일처럼 주마등처럼 눈앞을 스친다. 한국사회에 잘 정착한 선배로 소개되는 것은 아직도 익숙하지 않은 민망한 일이지만, 그들에게 분단사회에서 어떻게 살아왔고 살아가야 하는지에 관해 가급적 많이 이야기해주려고 노력한다.

하나원을 나온 지 십여 년이 지난 즈음, 그때 그 사람들과 송년 모임으로 모이기 시작했다. 그동안 유명을 달리한 분도 있고 교도소에 수감 중인 사람도 있다. 수배로 쫓기는 이도 있고 탈남하여 외국으로 떠난 사람도 있다. 유력 신문의 기자로 유명해진 이도 있다. 한의사, 공무원, 박사도 있다. 명함은 요란하지 않지만 아득바득 돈을 모아 집을 장만한 사람도 있고, 중견 회사의 간부로, 잘 키운 아들딸 여럿을 둔 이도 있다. 구구절절 얘기하지 않아도 안다. 그들도 나처럼 사선을 넘어와 또 다른 사선에서 오늘까지 싸워왔다는 것을. 송년 모임의 2차로 간 노래방에서 누구 할 것 없이 합창했다.

그대여 아무 걱정하지 말아요. 우리 함께 노래합시다.
그대 아픈 기억들 모두, 그대여, 그대 가슴 깊이 묻어버리고
지나간 것은 지나간 대로 그런 의미가 있죠.
떠난 이에게 노래하세요. 후회 없이 사랑했노라 말해요.*

헤어지는 길, 누군가 고함질렀다. "십 년 후에도 꼭 다시 보기다!" 여전히 서울 하늘에서는 별을 볼 수가 없지만, 노랫말은 깊은 여운으로 오래도록 맴돌았다.

*
전인권, 「걱정 말아요 그대」, 2004.

3

실업과 호구지책의 사이

'어마무시한' 경쟁률을 뚫고 서울 변두리에 위치한 임대주택을 배정받았다. 대부분의 탈북민은 수도권 거주를 선호하지만 수도권의 임대주택은 매우 제한적이다. 때문에 수도권 추첨에서 탈락하면 본인의 의지와 상관없이 산간오지까지 각오해야 한다. 하나원의 교육 과정에서 승자독식의 논리, 즉 전부 아니면 전무全無의 원리를 간접적으로 배웠다면, 거주지 추첨을 통해 직접적으로 그것을 처음 체험하게 된다. 물론 수도권 아니면 산간오지라는 복불복 대신 중간 지대의 도시를 전략적으로 선택할 수 있는 방편도 있다.

한때 주거 선택이 자유롭지 못한 '추첨제'를 두고 탈북민을 원자화·분산화하려는 정부의 의도가 반영된 정책이라는 음모론(?)도 제기되었지만, 수도권은 선호도에 비해 물량이 턱없이 부족한 어쩔 수 없는 현실 때문이라는 것을, 한국의 주택 상황은 북한의 그것과는 차원이 다르다는 것을, 그나마 탈북민에게 이런 기회를 제공한다는 것은 한국사회에서 대단한 혜택이라는 것을 알게 되었다. 또한 탈북민이 자기들만의 게토를 형성해 사는 것보다 더 많은 지역에 고르게 분포되어 뿌리내리는 것을 긍정적으로 생각하게 되었다.

하나원에서 퇴소해 허름한 임대주택에 들어섰을 때 나를 기다린 것은 먼지와 얼룩이 곳곳에 자욱한 작은 공간이었다. 고립감과 무기력이 밀려왔지만 이 상태를 속히 벗어나야 했다. 공중전화로 담당 경찰에게 전화했다. 수첩에 적어놓았던 은행에서 돈 찾는 법, 마트 이용법, 지하철 타는 법 등을 물어보자 수화기 너머로 조금은 피로한 듯한 목소리가 전해져 왔다. "나 혼자 사십 명의 탈북민을 담당하고 있는데 그중 어르신들이 절반이다. 이번에 새로 온 어르신들도 담당해야 하고. 너는 젊으니 혼자서 할 수 있는 것부터 먼저 해봐. 나중에 들를게."

나는 북한에서조차 사회생활을 해본 적이 없었다. 군부대 지역에서 태어나고 자라 학교를 졸업하자마자 비무장지대에서 군 복무를 시작했고 휴전선을 넘어 이곳에 왔다. 다른 탈북민처럼 중국이나 제3국을 체류하거나 경유하면서 터득한 시장 경험도 없었다. 차라리 외계인에 가까웠던 나는 누구의 도움도 받지 못하는 상황에서 홀로 절망과 싸울 채비를 해야 했다.

며칠 후 뜻밖의 손님이 찾아왔다. 하나원에서 한동안 함께 지냈지만 그렇다고 가깝다고도 할 수 없는 형이었다. 그럼에도 내가 걱정되어 찾아왔다는 그의 말에 눈물이 왈칵 솟구쳤다. 중국에서 오래 체류한 탈북민은 한국 사정에 밝아 나만큼의 어려움은 겪지 않는다고도 했다. 구석구석 청소도 도와주고 가정용품도 사서 사용법도 일일이 가르쳐주는 그에게서 가족의 냄새가 났다.

허물없는 사이가 되었을 즈음, 그는 브로커 비용이 부족해 중국에 있는 처자식이 입국하지 못하고 있다며 울먹였다. 그에게 정착금이 들어 있는 통장을 선뜻 내어주면서 나도 설렜다. 혈혈단신 무연고인 이곳에서, 어쩌면 내게도 가족이 생길지도 모른다는 기쁨이었을 것이다.

몇 달 후 그는 연락을 끊었다. 이렇게 내 정착금을 가져간 이는 탈북민이었고, 그즈음 내게 불량 휴대전화와 엉터리 물건을 팔아 내 생계비까지 가로챈 이는 한국인이었다. 분노와 박탈감이 커져 갔다. 가족에 대한 죄책감과 고향에 대한 그리움으로 하루하루 폐인이 되어갔다. 수개월 만에 체중이 10킬로그램이나 줄었다. 몸서리칠 만큼 힘든 시간들이었다. 그로 인한 통증을 읍소해도 누구도 손 한 번 잡아주지 않던 시절이었다.

십여 년이 흐른 지난여름, 강화도에서 있었던 탈북민 모임에서 그 형을 다시 만났다. 자신도 그때 너무 힘든 시절이었다며 미안하다고 했다. 지금은 가족도 있고 생활도 안정이 되고 새로운 사업도 시작했다고 했다. 지금의 가족이 그때 중국에 있었던 가족이냐고 묻고 싶었지만 가슴에 묻어뒀다. 그를 잘 아는 어떤 이가 전한 말은 또 달랐다. 그가 얼마 전 파산신청을 했으며 일용직을 전전하고 있다고 했다.

나를 담당하던 경찰도 그동안 열 번 가까이 바뀌었다. 새로운 담당 형사들은 만날 때마다 미안하다는 인사말부터 건넨다. 형사라는 어감과 경찰이라는 신분 때문에 탈북민은 그들을 별로 좋아하지 않지만, 아무 연고도 기반도 없는 탈북민을 향한 그들의 수고와 노력은 작지 않다. 2017년 현재 탈북민을 담당하는 신변 보호 경찰관은 800여 명으로, 경찰 1명당 38명 정도의 탈북민을 담당하고 있는 셈이다. 탈북민에게 그들은 정보과 형사라기보다는 전화라도 할 수 있는 유일한 남쪽 사람인 경우가 많다. 나의 학부 졸업식과 석·박사 졸업식 사진에는 늘 그들의 모습이 담겼다.

한국사회에 처음으로 진출하는 탈북민을 위한 정책도 차츰 확대 시행되고 있다. 대한적십자사 등에서는 먼지가 쌓인 집들을 청소해주고, 지역 곳곳에 등장한 하나센터에서는 하나원에서 퇴소한 탈북민이 사회에 적응할 수 있도록 돕는 도우미 역할도 한다. 최근에는 다양한 직업교육 프로그램도 운영하고 있다. 다만 실제 취업은 별개 문제겠지만.

목숨을 걸고 비무장지대를 넘어온 나는 곧바로 '잉여인간'*으로 전락했다. 북한에서는 한 번도 굶어본 적이 없었지만 남한에서 처음으로 굶어봤다. 생활비라도 벌기 위해 주유소에 찾아가 면접을 봤지만 퇴짜 맞기 일쑤였다. 구인 공고가 실린 지역생활정보지가 집 한편에 켜켜이 쌓여갔지만 탈북민을 받아주는 곳은 어디에도

*

「잉여인간」은 1958년 9월 『사상계』에 발표한 손창섭의 단편소설로 동인문학상을 수상했다. 한국전쟁 직후 살아남았으나 결국 사회 속에서 배제된 인물들의 서사를 다룬다.

없었다.

특히 북한군 출신에 대한 날선 편견, 거기에 중국 동포보다도 어수룩하게 보이는 행동들로 인한 부정적 이미지가 더해져 나는 번번이 호구지책에 실패했다. 동네 꽃집 아저씨와 슈퍼마켓 아주머니를 도와 소일거리를 구했고 군에서 배운 독도법讀圖法으로 일터를 찾아다니며 지리를 익혔다.

마침내 종로에 있는 일식당에 취직했다. 하나원에서는 "한국은 북한과 달라서 일한 만큼 돈을 벌 수 있다"라고 교육했고 나는 그것을 추호도 의심하지 않았다. 남들이 여덟 시간 일할 때 나는 열두 시간 일했다. 배달과 주방일 외에도 온갖 궂은일을 도맡아 했다. 드디어 첫 월급봉투를 받은 날, 나는 내 눈과 귀를 의심했다. 동료들보다 더 일했음에도 월급은 그들보다 수십만 원이나 적었던 것이다. '노력과 대가는 비례한다'는 상식적인 논리조차 탈북민에게는 예외였다.

내가 입국했던 십여 년 전과 비교하면 현재 사정은 나아졌을까. 2014년 통일부와 하나재단에서 발표한 「탈북자·탈북 청소년 실태 조사」에 따르면, 탈북민의 주당 평균 근로시간은 한국에서 태어난 사람에 비해 3시간 더 많지만 월 평균 소득은 76만 원 정도 더 적은 것으로 나타났다. 탈북민의 평균 소득은 146만 원으로 노동자 평균 소득의 절반도 안 되며, 탈북민 실업률도 평균 실업률보다 네 배 넘게 높다. 오죽하면 2016년 영국 주재 북한대사관에서 탈출한 태영호 전 공사마저 그해 12월의 기자간담회에서 "귀순 전 한국에 입국한 탈북민의 실업률과 평균 소득을 보면서 과연 탈북민이 살아남을 수 있을까를 고민했다"고 토로했을까. 물론 입국과 동시에 실업과 빈곤의 늪에 빠지는 보통의 탈북민과는 달리 북한의 엘리트 출신들은 국책 기관에서 일하게 되는 등의 호의적인 대우를 받는다. 태영호 전 공사도 예외는 아니었다.

뿐만 아니다. 2007년 한국형사정책연구원이 발표한 「북한이탈주민의 범죄 피해 실태 연구」에 따르면, 탈북민의 범죄피해율은 24.3퍼센트에 달한다. 이는 평균 범죄피해율 4.3퍼센트의 5배가 넘는 수치다. 사기피해율도 탈북민 5명 중 1명꼴로 평균 사기피해율의 43배에 달한다. 2016년 기준 한국인의 자살률은 인구 10만 명당 24.6명으로 OECD 회원국 중 13년 연속 1위였다. 그런데 탈북민의 자살률은 그의 3배에 달한다. 2016년 9월 새누리당 김도읍 국회의원실에서 인용한 통일부 자료에 따르면, 탈북민 중 2012년까지 모두 22명이 자살했는데, 2015년 한 해에만 9명이 자살했다. 이처럼 자살자가 급증하는 것은 '따뜻한 남쪽 나라'인 줄 알고 넘어왔던 한국에서의 삶이 고통스러울 정도로 고단했기 때문일 것이다.

과연 무엇이 문제일까. 탈북민의 한국사회 적응과 관련해 전문가들은 대체적으로 탈북민 스스로의 의지, 탈북민 정책, 탈북민에 대한 사회적 시선이라는 삼박자가 고루 갖춰져야 한다고 말한다. 대체로 동의한다. 무엇보다 한국사회에 적응하려는 탈북민의 의지는 과거에 비해 높게 나타나고 있다. 2010년 이전까지는 주로 정치·경제적 이유로 생존 그 자체를 위해 탈북했다면, 최근에는 보다 나은 사회에서 살겠다는 의지로 한국에 입국하는 이민형·목적형 탈북민이 늘어나는 추세다. 이런 탈북민의 특성을 고려해 정부 정책도 지원형에서 자립형 정책으로 전환되어왔다고 볼 수 있다. 하나원 교육 프로그램의 다양화와 하나센터 운영, 하나재단을 통한 생활 안정 지원 등 여러 가지 노력을 진행하고 있지만 실질적 개선은 여전히 답보 상태다.

탈북민이 가장 문제로 꼽는 것은 경제적 빈곤이나 정착 관련 정책보다 탈북민을 대하는 한국사회의 편견과 차별, 배제가 압도적이다. 이는 크게 세 가지 특징을 배태하고 있는데, 첫 번째가 오랜 분단 시대가 만든 적대와 대립의 아비투스habitus로, 관습의 차원에서 유래한 것이다. 반공·반북 의식의 오랜 관습은 북한 정부뿐만 아니라 탈북민에게까지 그대로 투영된다. 2010년 11월, 북한의 연평도 폭격 직후, 어느 면접장에서 "당신네 북한은 왜 저러냐?"라고 내게 묻던 면접관의 태도에서 배타적인 타자성을 보았다.

두 번째는 남북의 체제 경쟁에서 승리하였다는 우월적 인식에 기인한 태도다. 못나고 가난한 아우를 바라보는 묘한 승자적 감정이다. 탈북민은 일상의 자리에서부터 끊임없이 자신이 살아온 삶을 부정하는 것으로부터 생존과 생계의 기회를 얻는다. 이를 강요하고 탈북민을 하대하며 카타르시스를 얻는 사람들을 직면하는 것은 언제나 불편한 일이다.

세 번째는 무한경쟁사회가 초래한 소외와 배제다. 탈북민은 한 국이라는 처음 맞이하는 막막한 환경에서 홀로 서야 한다. 무한경 쟁사회에서 탈북민은 애초부터 포용이 대상이 아니라 경쟁의 대 상이 될 뿐이다. 사회에서 소외되고 경쟁에서 배제된 채 과연 홀로 선다는 것은 가능한 일일까.•

무엇보다 내가 걱정하는 것은 한국사회에 실재하고 있는 탈북민 에 대한 편견과 차별, 배제가 북한 주민들에게 전해질까 하는 우려 다. 사실 오래전부터 북한 주민들은 당국의 선전을 통해서든 탈북 민을 통해서든 한국이 무한경쟁사회라는 것을 대부분 알고 있다. 그럼에도 탈북민은 한국이 북한보다는 나을 거라는 희망과 우리는 결국 한 동포라는 믿음으로 탈북을 감행한다. 하지만 탈북에 성공 하더라도 한국사회에서 직면하는 지독한 편견과 차별, 배제는 전 혀 상상하지 못한 것이다. 만약 이런 사실을 북한 주민들이 알게 된다면 한국에 대한 감정이 악화되어 남한이 주도하는 통일을 더 욱 강력하게 거부할 것이며, 통일 그 자체에 대한 열망도 사그라들 것이다. 나는 무엇보다 그것이 두렵다.

일식집에서 첫 월급을 받던 날, 나는 처음으로 공부를 해야겠다 고 결심했다. 자유가 존재하는 사회에 온 것은 맞지만 탈북민도 똑 같이 존중받고 살기 위해서는, 한국의 평범한 시민들보다 더 많이

• 정부는 2016년부터 탈북민에 대한 시민의 인식 개선을 위한 공익광고와 대국민 캠페인을 제 작하여 배포하고 있다. 한 공익광고는 사회구성원의 일원으로 활동하고 있는 사회복지사, 의 사, 교사 등의 모습을 보여주며, 탈북민에 대한 기존의 편견을 불식시키고자 의도한다.

공부하지 않으면 안 된다는 자각이었다. 그렇지 않고서는 평생 열등한 타자로 살 수밖에 없을 것이라는 깨달음이기도 했다. 되돌아보면 공부를 시작해도 늦지 않은 나이, 한국에 정착한 지 얼마 안되는 시점에서 결심하게 된 것이 다행이라면 다행이었다.

한국에 처음 왔을 때 탈북민 관련 논문이 탈북민 수보다 많고 관련 전문가들도 많다는 사실에 안심했다. 십 년도 더 지난 지금, 예외 없이 관련 논문과 전문가들도 증가했지만, 탈북민의 삶의 질과 현실은 더 악화되고 있다는 점이 슬프다. 이는 탈북민 스스로, 탈북민 문제를 들여다봐야겠다고 결심하게 된 계기가 되었다.

얼마 전 지인이 갓 입국한 탈북민 청년 여럿을 나에게 데리고온 적이 있었다. 대기업과 국회에서 일한 경력도 있고 박사까지 된 선배로서 그들의 학업 준비와 직업 진로를 상담해주라는 취지였다. 그런데 유독 한 친구는 내내 고개를 떨어뜨리고 내 시선을 회피하였다. 왜 그러냐고 조심스레 물었더니 "너무 힘들어서 그럽니다"라는 말 한마디를 뱉고 다시 머리를 푹 숙였다. 나도 모르게 그를 와락 끌어안고 싶은 충동을 가까스로 억제했다. 문득 고통스러워 살려 달라고 소리를 질러대도 누구 한 명 손 내미는 이 없었던 시절이 떠올랐다. 이들에게 우리는 누구이고 우리는 무엇을 해야 하나. 그들과 헤어져 돌아오는 길, 다시 우리 앞에 주어진 사선을 아득한 시선 너머로 가늠해보았다.

4

대학, 청춘의 죽음

공부만이 살길임을 깨달은 후 일하는 곳에서 멀지 않는 곳에 위치한 입시학원에서 공부를 시작했다. 일터 동료들이 탈북자가 무슨 대학이냐며 빈정과 면박을 주기도 했는데, 오기를 부려 월급의 절반을 떼어내 학원에 등록했다. 그러나 얼마 못 가 후회가 밀려왔다. 영어와 수학은 물론이고 논술의 기본조차 갖추고 있지 않았던 것이다. 남북의 이질적인 커리큘럼을 탓하기 전에 북한에서도 열심히 공부해본 적이 없었던 스스로를 먼저 탓할 수밖에 없었다.

어려서부터 공부를 좋아하는 편이 아니었다. 다만 이상하게도 공부와는 상관없이 학생 간부 타이틀은 항상 꿰차고 있었다. 학창 시절 일찌감치 직업군인으로 살려는 꿈을 가지고 체육소조(동아리)에 가입하여 수영, 마라톤, 총검술과 같은 국방체육에 몰두했고 학교와 집을 떠나 경기와 대회에 출전하는 것을 좋아했다. 게다가 학교를 졸업하고 곧바로 군에 입대했고, 비무장지대에서 근무하다가 한국으로 넘어왔으니 학업의 공백은 클 수밖에 없었다.

학창 시절 나를 각별하게 챙겨주시던 선생님이 있었다. 선생님은 공부는 뒷전인 채 천방지축인 나를 걱정하시곤 했는데, 훗날 공부하지 않았던 시간을 뼈아프게 후회할 날이 있을 거라고 얘기하신 적이 있었다. 그분 앞에서는 꽤나 경청하는 표정을 지었지만 평생 직업군인으로 살아갈 나에게 그런 날은 없을 거라고 속으로 생각했었다. 그러나 그때 그의 생생한 표정과 말씀을 서울의 한 입시학원에서 뼈아픈 후회로 다시 마주하게 되었다.

아이러니하게도 지금, 한 대학에서 직업군인이 되기 위해 준비하는 학생들을 가르치고 있다. 강의 시간에 그날 선생님이 내게 하셨던 말씀을 학생들에게 전하다보면 감정이 절로 묘해지는 격세지감을 느낀다. 그곳의 학생들은 대부분 졸업 후 군 간부로 임관한다. 북한에서 가졌던 나의 꿈은, 제자들을 통해 간접적으로나마 이뤄진 셈이다. 만약 내가 계속 북한에 있었다면, 이들은 언젠가 나의 적군이 되었을 것이다. 나는 강의 말미에 '최고의 안보는 통일'이라고 강조한다. 학생들이 얼마나 공감할지는 모르겠으나, 나는 늘 절박한 심정으로 이야기한다.

학원을 다닐수록 후회가 밀려왔지만 포기할 수도 없는 노릇이었다. 태어나 처음으로 하루 네댓 시간 자고 일터와 학원을 오갔다. 누구도 도와주는 이가 없던 시절이었고 홀로 부족한 조건들을 극복해야 했다. 쉬는 날이면 여러 학교를 찾아다니며 입학을 문의했다. 각박한 담당자를 만나 낭패 보기가 일쑤였지만 간혹 정보를 얻는 날이면 자기소개서를 손으로 먼저 쓴 후 다시 독수리타법으로 컴퓨터로 옮겨 지원 서류를 준비해 갔다.

그해 가을, 필기전형과 면접전형 등을 거쳐 여러 대학에 합격했다. 나보다 공부를 잘하던 다른 탈북민이 고배를 마신 것을 보면 필기전형 외에 자기소개서나 면접 등도 중요하다는 것을 미루어 짐작할 수 있었다. 지금은 대학에 진학하는 탈북민이 많아지고 이들의 고충도 알려지면서 탈북민에게 입시 정보를 제공하고 상담해 주는 단체들도 생겨났다. 뿐만 아니라 입학 예정자를 위한 예비 대학과 멘토링 사업을 운영하며, 기초 학력과 학업 보충을 위한 글쓰기와 외국어 학습 프로그램도 활발하게 운영하는 곳도 있다. 무엇보다 탈북 전부터 한국에서의 학업 계획을 세우거나, 입국 후 곧바로 대학 입학을 목표로 하는 탈북민이 증가하면서, 자료 공유와 정보 습득은 과거에 비해 원활하다고 할 수 있다.

탈북민은 대체로 정원 외 특별전형으로 대학을 지원하는데 이에 대한 오해도 적지 않다. 우선 탈북민의 입학으로 다른 학생들에게 피해가 간다는 오해다. 실력의 차이는 있을 수 있으나 말 그대로 '정원 외'이므로 일반 지원자에게는 피해가 가지 않는다. 장학금을 탈북민이 상대적으로 더 많이 받는다는 불만도 있다. 다만 장학금은 저소득층에게 우선적으로 지원하는 것이 원칙이므로, 실질적으로 저소득층인 탈북민에게 장학금을 지원하는 것도 자연스러운 일이다. 물론 일정한 성적을 받지 못하면 장학금은 중단된다.

좋은 대학에 진학하는 것도 과거처럼 수월하지 않다. 그동안 탈북민이 대학 생활에 적응하고 졸업하기가 쉽지 않았던 까닭에 입학을 제한하는 대학이 많아졌다. 최근 들어 북한에서부터 엘리트 교육을 받은 이들의 상당수가 대학 진학을 희망하고 있으며, 특히 한국에서 초등학교와 중·고등학교를 다닌 이들도 적지 않기 때문에 정원 외 특별전형을 놓고 탈북민 간 경쟁은 더욱 치열해지고 있다. 재수·삼수를 하며 특별전형을 준비하는 이들도 있고, 특별전형이 더 어렵다며 수능을 치르고 일반전형으로 대학에 진학하는 이들도 있다. 서너 명밖에 뽑지 않는 어느 대학에 가려고 백 명 가까운 탈북민이 경쟁하기도 한다. 그럼에도 특별전형 제도는 탈북민에게 제공되는 부인할 수 없는 사회적 배려라고 할 수 있다.

여러 대학에 합격한 것은 어쩌면 운이 좋았다고도 할 수 있다. 경영학과, 정치외교학과, 신문방송학과 등 대학마다 서로 다른 과를 지원했는데, 전공뿐만 아니라 진로에 대한 확신이 없었기 때문이다. 집에서 가장 가까운 대학의 경영학과가 아니라, 집에서 가장 먼 대학의 정치외교학과를 선택했다. 경영학을 공부하여 좋은 기업에서 돈을 많이 벌고 싶은 욕심도 있었지만, 정치학이라는 학문을 통해 끊임없이 우리를 속박하고 있는 분단 현실을 들여다보고 싶었다. 무엇보다 얼마 겪지는 않았지만, 그간 한국에서의 생활이 고달프기도 하고 내가 처한 형편이 고약하기도 했기 때문이다. 단순히 낯선 곳에서의 어려움이 아닌, 조난자의 그물이 나를 옥죄고 있음을 일 년도 안 되는 정착 과정에서 체감했던 것이다. 탈북민의 경우 대학 입학은 가능하나 졸업은 쉽지 않다는 말이 나돈다는 사실을 입학 후에야 알게 되었다. 내가 대학을 다니던 시절, 전국적으로 수십 명의 탈북민이 입학했지만 졸업한 이는 몇 안 되었다. 지금은 전체 입학자 중 상당수가 졸업하는 것으로 알고 있다. 대학을 제대로 졸업할 수 있느냐의 문제, 그리고 졸업 후 취업은 내가 당면한 가장 절박한 문제였다.

대학 생활은 호락호락하지 않았다. 경제적 어려움도 컸다. 생계지원금으로 집세며 온갖 공과금을 내고 나면 교통비나 식비도 남지 않았다. 의지할 가족도, 도움을 받을 이웃도 남쪽 하늘 아래에는 없었다. 입학과 동시에 아르바이트를 시작해야 했고 첫 학기 성적은 최악이었다. 탈북민의 경우 사립대학 등록금은 국가와 학교에서 반반씩 지원하는데 성적이 나쁘면 이를 지원받을 수가 없다. 등록금을 스스로 해결해야 했던 나는 한 가지 아르바이트로는 도저히 등록금을 마련할 수가 없어 여러 일을 동시에 해야 했다. 호프집 종업원, 치킨 배달, 건설 현장 노가다, 촬영 엑스트라, 일식당 주방보조, 전단지 알바 등 닥치는 대로 일했다. 수업이 끝난 후 도서관으로 향하는 친구들을 보며 쓸쓸히 일터로 가야 했던 그 시절이 지금도 마음에 응어리로 남아 있다. 도서관에 앉아 공부하는 친구들이 그렇게 부러울 수 없었다. 현재 전국의 대학에서 공부하는 탈북민 청년들이 눈에 밟히는 이유도 그 시절의 기억 때문일 것이다.

그래도 학업은 포기할 수 없었다. 교재 살 돈이 없어서 다른 학교 도서관들을 전전하며 책을 빌려 공부했고 대형 서점에서 하루 종일 선 채로 눈치를 보며 책을 읽기도 했다. 전공과목을 공부할 때 특히 버거웠지만 이를 악물고 버텼다. 시험 기간에는 아예 학교 도서관 의자에서 자면서 일주일이나 열흘씩 공부했는데 군 시절에 얻은 체력과 정신력이 여러모로 도움이 되었다.

어느 탈북민 친구는 영어로 진행하는 강의실을 박차고 나온 후 다시 학교로 돌아가지 않았다. 실은 나도 여러 번 뛰쳐나왔다. 그럼에도 스스로를 추스른 후 다시 강의실에 들어갔다. 자존감이 무너지더라도 그 자리는 강의실이어야 했다.

온갖 일을 병행하며 두 학기 등록금을 마련했고 성적도 조금씩 올랐다. 더 이상 등록금 걱정을 하지 않아도 될 즈음에야 캠퍼스의 낭만이 눈에 들어왔다. 산악 동아리 등에 가입했다. 3학년 때부터는 아예 친구들과 민속문화반이라는 동아리를 만들어 방방곡곡을 돌아다니기도 했다. 친구들도 두루 생겼고 밤을 지새며 추억도 쌓아 갔다. 교수님의 배려로 학부생 신분으로 연구실에 소속돼 한국 정치를 공부했는데, 이는 대학원에서 분단 문제를 중점적으로 연구하는 토대가 되었다.

생활은 어려웠지만 휴학 없이 학교를 졸업할 수 있었다. 요즘은 휴학 없이 졸업하는 탈북민을 심심치 않게 볼 수 있지만 그때는 내가 첫 사례라고 했다. 힘들 때마다 휴학하고 싶다는 생각이 불쑥불쑥 들었다. 그때마다 휴학만은 하지 않겠다고 다짐하곤 했다. 주변에서는 어학연수나 인턴 등 스펙 관리나 취업 준비를 위해 휴학하는 친구들도 있었지만, 나는 오로지 두려움 때문에 휴학할 수 없었다. 휴학한다면 어쩌면 학교로 다시 돌아오지 못할 수도 있다는 두려움이었다.

졸업 후 어학연수를 마치고 직장 생활을 시작했지만 학업에 대한 욕심을 끝내 포기할 수 없었다. 대학원에 진학했다. 대학원에서도 휴학 없이 석·박사과정을 마쳤다. 학부 시절의 고달픔이 큰 도움이 되었다.

귀순 후 십 년 만에 학부와 대학원을 마치고 박사학위를 취득했다. 그 과정은 혹독할 만큼 시리고 궁핍했다. 학부 시절 내가 제일 당황한 것은 혼자서 감당하기 벅찬 등록금이었다. 북한에 있을 때 남조선 대학생들이 등록금을 낼 돈이 없어서 자신의 피를 뽑아 학비를 마련한다는 교육을 밥 먹듯이 받았다. 그런데 실제로 내가 한국에서 등록금을 마련할 수만 있다면 내 몸 안의 피를 다 뽑아 마련하고 싶다고 생각할 만큼 절박한 순간을 여러 차례 겪었다. 정작 문제는 내 몸 안의 피를 다 뽑아도 등록금을 마련하기 어렵다는 점이다. 대학원도 마찬가지였다. 수백 개가 넘는 장학재단이 존재하지만 탈북 대학원생의 서류를 받아주는 곳은 없었다. 대학에 진학하였다가 등록금 문제로 학업을 중도 포기하는 탈북민이 적지 않다. 졸업 후 맞닥뜨리는 상황도 당황스럽기는 마찬가지다. 취업은 한국의 취업 준비생들과 매한가지로 탈북민에게도 돌파하기 어려운 전선戰線이다.

나와 비슷한 시기에 같은 대학을 다녔던 두 명의 고향 사람이 있었다. 그중 한 명은 부산영화제를 비롯한 여러 국제영화제에서 수상한 영화「무산일기」(2011)의 실제 주인공이다. 그는 함경북도 무산군 출신으로 나와 하나원 생활을 같이했고, 나는 그를 형이라고 불렀다. 대학 입학 후 각자 버거운 삶 때문에 여유가 없어 자주 보지는 못했지만 틈틈이 서로의 안부를 챙기곤 했다. 그러나 그는 위암 투병 끝에 결국 학교를 졸업하지 못하고 세상을 떠났다. 훗날 그의 학과 친구가 영화감독이 되어 형의 삶을 담아 세상에 내놓은 영화가 바로「무산일기」이다. 영화를 보며 암울하고도 잔인했던 서울에서 적응기를 보낸 그의 삶이 더없이 비통했다. 눈을 감는 날까지 창백한 미소로 그간의 사연을 덮고 있었기에 더 슬펐는지도 모른다.

다른 한 명은 북한에서 엘리트 대학으로 손꼽히는 김책공업종합대학교를 졸업하고 한국에 와서 다시 경영학과를 전공했다. 북한의 명문 대학을 나왔지만 한국에서는 그 졸업장이 무용지물이다. 그는 한국에서 힘겹게 대학을 다시 졸업했지만 번번이 취업에 실패했다. 고향 출신의 배우자마저 그를 떠났다. 어느 날 그는 작은

박정범 감독의 영화 「무산일기」는 주민등록번호가 '125'
로 시작되는 탈북민 주인공의 이야기를 다룬다. 이 영화
는 부산국제영화제에서 뉴커런츠 상·국제영화평론가협
회상을, 마라케쉬 국제영화제와 로테르담 국제영화제에
서 대상을, 도빌 아시안영화제에서 국제영화평론가협회
상 등을 수상했다.

임대아파트 화장실에서 스스로 목을 맸다. 학부를 졸업한 내가 어학연수를 마치고 돌아오는 사이에 생긴 일이었다.

5

미생의 삶, 경쟁사회의 아웃사이더

보통의 대학생과 달리 나의 목표는 졸업이었지만, 정작 졸업을 목
전에 두게 되자 초조해지기 시작했다. 행정고시나 언론사 취직, 대
학원 진학을 준비하는 몇 명을 제외하고 대부분은 기업체 취업을
준비하고 있었다. 이미 생활비 마련 등으로 경제적으로 지치고 궁
핍했던 나는 학업에 대한 미련을 뒤로한 채 학부 졸업장을 들고 취
업 전선에 뛰어들었다. 아침에 눈을 떠서 잠자리에 들기 전까지 입
사 원서를 쓰고 지원하는 일을 기계적으로 반복했다. 계속되는 구
직 활동 속에서 몇 달이 훌쩍 지났고 봄날은커녕 매서운 취업 한파
에서 벗어나지 못했다. 취업이 이렇게까지 힘들 줄은 상상하지 못
했었다. 함께 공부했던 학과 친구들의 취업 소식이 전해질 때마다
낙오자의 무기력감에 휩싸였다.

　상처도 많이 받았다. 초라한 처지를 동정하며 접근해서는 남한
사회의 현실에 대한 장황하고도 질퍽한 훈계만 남기고 사라지는
사람들도 보았고, 탈북민의 경쟁력에 비해 일반 시민들이 가지고

있는 상대적 우월감만을 확인시키려 하는 사이비 멘토도 있었다.

언젠가 내가 살고 있던 지역에서 '남북한 주민 멘토-멘티 결연 행사'가 열린 적이 있었다. 적지 않은 기대감을 가지고 참석했지만, 내 멘토로 온 사람이 처음부터 마지막까지 시선을 회피하던 탓에 적잖이 당황했다. 연락처 교환도 없었다. 그가 어떻게 멘토 자격으로 이곳에 왔는지 궁금했다. 다른 멘토-맨티의 상황도 비슷했다. 그럼에도 불구하고 주최측은 이 행사를 자신들의 단체를 알리는 홍보용으로 적극 활용했다.

탈북민을 선의로 돕고자 하는 사람들도 있지만 의도하든 의도하지 않든, 자본주의사회와 사회주의사회에서의 삶을 비교하며 그 열등함을 자백받으려는 태도는 지금도 곳곳에서 확인된다. 차이와 차별을 동일시하려는 그들의 선입관과 뿌리 깊은 편견 속에서 다른 탈북민도 똑같이 겪고 있을 고통을 생각하면 지금도 머릿속이 하얘진다.

학부를 졸업하자 곧 생계지원비가 끊겼다.* 졸업을 유예하고 취업을 준비하는 탈북민 친구들이 그런 나를 두고 전략적이지 못하다고 했지만 '휴학 없는 졸업'이 목표였던 나는 일말의 후회도 없었다. 다만 생계는 더욱 막막해졌다. 동아리와 봉사 활동, 인턴 등의 경험은 있으나, 당시 취업 필수 사항으로 일컬어지던 이른바 8대 스펙(학벌·어학 점수·봉사 활동·자격증·경력·학점·수상 경력·어학연수)에는 턱없이 부족했다.

---

*

학부에 재학 중인 탈북민에 한해 생계지원비가 지급된다. 한국에 연고가 없는 탈북민 학생들에게 이 제도가 없다면 많은 이들이 결국 학업을 포기했을 것이다. 나는 생계지원비 대상이라는 부끄러움보다는, 이 제도에 대한 고마움과 미안함을 가지고 있다.

자격증을 따기 위해 학원에 등록하고, 취업에 유리하다는 사무 자동화OA 자격증을 먼저 취득했다. 언론사 취업에 대비하여 한국 어능력시험 자격증도 확보했다. 방송을 보다가 한 연예인이 버스 운전으로 주변의 탄성을 얻어내는 장면을 보고 나서는 1종 대형면 허를 새로 땄다. 그리고 마지막 재산인 집 보증금을 빼내 어학연수 를 위해 비행기에 몸을 실었다.

짧은 어학연수를 마치고 돌아와 다시 입사지원서를 냈지만 100 곳 가까이 좌절의 기록만 남겼다. 대부분 서류전형조차 통과하지 못했다. 어려움을 견디며 캠퍼스에서 노력한 과정조차 인정받지 못하는 듯하여, 한국사회에서 경쟁하며 살아갈 용기가 점점 사라 지고 있었다. 나름 좋다고 하는 대학을 졸업했고 각종 자격증 취득 이며 어학연수까지 다녀와 이른바 8대 스펙에도 거의 근접했다고 생각했는데, 서류전형조차 통과되지 못하는 이유를 알 길 없어 어 느 날 지원 서류를 다시 한 번 찬찬히 톺아보았다. 이력서의 군 복 무 여부를 묻는 칸에는 굳이 탈북민이라고 기재했고, 자기소개서 의 성장 과정과 입사 후 포부에서조차 나는 스스로 북한 출신임을 친절하게 밝히고 있었다.

밑져야 본전이라는 생각에 탈북민의 흔적을 깨끗이 지우고 입사 지원을 했다. 그때부터 기적과 같은 일이 벌어졌다. 서류를 제출한 지 몇 개월 되지 않았는데 줄줄이 합격통지서가 날아왔던 것이다. 1차 서류합격만으로도 기쁨을 느낀다는 '서류가즘'이라는 신조어도 있지만 나에겐 그 따위에 비교할 수 없는 감격이었다.

그러나 기쁨은 잠시, 격한 슬픔과 비애가 온몸을 감쌌다. 민주주의의 발전과 성숙한 의식 수준을 자랑한다는 한국에서 탈북민이라는 이름은 경쟁사회의 아웃사이더이자 분단사회의 주홍글씨와 같은 꼬리표였던 것이다. 사람들은 과거에 비해 많이 좋아졌다며 백안시하는 태도를 애써 감추려 하지만, 실제 모습은 제도와 시스템 속에 철저히 내재화되어 있었다. 여기에 물질과 이기의 논리가 덧칠해져 유사한 얼개로 괄시와 배척이 가중된다.

흔히 조선족 동포는 '이등 국민'이라는 이미지로 우리 사회에 굳어져 있다. 그동안 주민등록증을 가진 대한민국 국민임에도 북쪽 출신이라는 것을 밝히지 못하고 조선족 동포로 행세하며 일하는 탈북민을 종종 봐왔다. 조선족 동포라고 하면 취업이 가능하지만 탈북자임이 알려지면 취직이 어려웠던 까닭이다. 사실상 탈북민은 이등 국민도 아닌 불가촉천민不可觸賤民에 가까웠다.

대학을 졸업한 탈북민 후배들이 서류전형에서조차 통과되지 못한다는 하소연을 듣고 서류에서 탈북민의 흔적을 지우라고 말한 적이 있었다. 그 말을 하고 나서 집으로 돌아와 왠지 모를 죄책감 때문에 뜬눈으로 밤을 새웠던 기억이 난다. 나도 모르게 후배들에게 자기 존재 부정을 권면한 것에 대한 후회와 현실에 대한 원망이 뒤섞여 온밤을 뒤척거렸다. 다행히 지금은 자기소개서에 출신 지역을 비롯해 민감한 부분을 언급하지 않아도 되는 등 채용 생태계가 변화하고 있다. 북쪽 출신이란 것 때문에 당시 내가 겪었던 '자소서포비아'(자기소개서 작성에 대한 공포감)를 후배들이 이제는 겪지 않아도 되는 것이 위로라면 위로다.

서류전형 합격 후에는 실력전이다. 대부분의 기업들은 인성검사와 적성검사를 포함해 PT, 토론, 역량·심층 면접 등을 통해 최종 합격자를 선발하는데, 특히 면접 과정에서는 면접관들에게 자신이 탈북민이라는 것을 주도적으로 밝히는 것이 오히려 유리한 측면도 있다. 탈북민이라고 자신을 소개하면 면접관들은 우선 크게 놀란다. 말로만 듣던 탈북민을 처음 보는 사람들이 대다수다. 북쪽 출신으로 이곳에 오기까지의 경험과 노력을 밑절미로 삼고 그 정신력과 강인함이 회사에 도움을 줄 것이라고 호소하면 다음 단계로 가는 기회를 얻을 수 있었다. 어느 집단 면접장에서는 이런 일도 있었다. 최종 합격자가 한 명이라면 누구를 선택할 것인가라는 면접관의 질문에 동료 면접자들이 모두 나를 선택했다. 동정에 의한 지목이라기보다는 그 자리에 이르기까지의 각고의 노력에 대한 동료들의 담담한 인정이었다고 생각한다.

요즘은 탈북민뿐 아니라 이곳에서 태어나 성장한 이들도 취업 때문에 아우성이다. 훗날 박사과정을 마치고 한 기업의 인사팀에서 근무하면서 화려한 스펙으로 무장한 인재들을 보았고, 수많은 청년들이 취업을 위해 얼마나 준비하고 노력하며 또 절망하고 고통스러워 하는지도 보았다. 그렇지만 탈북민이라는 이유만으로 지원 서류조차 거들떠보지 않는 것은 기실 분명한 차별이자 편견이다. 나는 그것이 비단 기업의 잘못이라고 보지 않는다. 한반도의 분단 상황이 낳은 부정적인 요소가 우리 사회와 삶에 스며들어 곳곳에 깊숙이 뿌리내린 결과다. 분단이 초래한 부정적인 편견은 한국사회에 깊게 내재되어 끝없이 경계하고 배척하고 때론 폭력을 가하기도 한다. 서류전형에서조차 통과할 수 없었던 내가 정작 면접장에서 자신감과 경쟁력을 내보이니 그때부터 이념이 아닌 사람의 문제로 바뀌었다.

수년 뒤 기업 인사팀에서 일하던 시절, 편할 대로 편해진 팀장에게 불쑥 물은 적이 있었다. "만약 서류전형에서 탈북민 지원자의 서류를 보았다면 어떻게 하시겠습니까?" 팀장은 당황하지 않고 솔직하게 말했다. "처음에는 놀랄 수도 있겠지만 오래 생각할 것 같지 않아. 기껏해야 주민등록증은 있는지, 간첩은 아닐까 하는 생각 정도지. 탈북민에 대해 아무것도 모르니까. 그럴 때는 그를 제외시키는 것이 회사를 위한 최선의 결정이 아닐까." 서류전형이 취업의 관문이자 당락의 바로미터임을 생각하면 걷어내야 할 편견의 장막은 깊고도 크다는 것을 그 대화를 통해 확인했다.

탈북민 흔적을 지우고 지원한 후에야 대기업 건설사에서 최종합격통지서를 받을 수 있었고, 정치외교학 전공자를 모집하는 국회의원 보좌진 채용에도 합격했다. 고민할 것도 없이 국회를 선택했다. 이미 학부 시절 국회에서 짧은 인턴 생활도 해봤고, 무엇보다도 캠퍼스 안에서만 배웠던 정치학을 현실 정치의 영역에서 직접 경험할 수 있는 좋은 기회라고 생각했기 때문이다.

합격은 했지만 국회사무처로부터 탈북민 출신이어서 신원 조사가 다른 사람에 비해 갑절은 걸린다는 통보를 받았다. 나를 뽑은 국회의원도 당황했고 함께 일하게 된 동료들에게도 미안했지만 그게 내 탓은 아니지 않는가. 이런 시스템은 같은 국민인 탈북민을 아웃사이더로 내모는 차별적인 장치다. 학부 시절 동기들과 함께 판문점을 관광하는 행사에 참여하려고 신청한 적이 있는데, 탈북민은 불가하다는 통보를 받고 당황한 적이 있었다. 친구들 보기에도 창피했지만 주민등록번호 하나로 탈북민인 것을 구별해내는 시스템도 신기했다.

한국에 온 지 얼마 안 되는 어느 탈북민은 북한에서처럼 강가에서 자동차를 세차하다가 주변의 신고로 파출소로 연행된 적이 있었다. 주민등록번호를 입력하던 경찰이 곧바로 북에서 왔냐고 소리쳐 당황했다고 한다. 범죄자가 아님에도 수배자처럼 탈북민을 바로 확인해내는 전산시스템을 마주하던 그때의 경험이 훗날 탈남을 결심한 계기였다고 그는 고백했다. 일반 국민과 탈북민을 이중적 공간으로 분리하고 마치 탈북민사회를 특수 집단으로 경계하는 제도와 시스템이 존재하는 한 한국사회에서 탈북민은 결코 당당해질 수 없으며 또한 이들을 향한 한국사회의 무시와 경시 또한 개선되지 않을 것이다. 출신 성분이 배태하는 배제와 소외의 공포는 대한민국 국민이라면 차별 없이 보장받을 수 있는 행복추구권이나 평등한 기본권의 헌법적 권리에도 위배될 소지가 있다.

국회에서는 분주했지만 재미도 있었다. 대선과 총선의 뜻도 모른 채 정치외교학과에 입학했던 시절을 뒤로하고 대선과 총선을 연달아 치르면서 많은 것을 배우기도 했다.

당시만 해도 여야가 몸싸움을 불사하며 충돌하던 풍경이 흔했다. 일을 시작한 지 얼마 되지 않은 어느 날, 새해 예산안 처리를 놓고 보좌진들은 국회에 상시 대기하라는 당 지도부의 지침이 내려왔다. 선배들은 내게 군에서 배운 실력을 발휘하라는 농담인지 진담인지 모를 말로 나를 긴장시켰다. 마침내 예산안 처리를 놓고 국회 본회의장 안에서 여야 의원들이 격돌했다. 본회의장 출입구 앞 복도는 보좌진들이 한데 뒤엉켜 몸싸움을 벌여 아수라장이 되었다. 대학에서 국회보좌관을 지망하는 이들을 대상으로 한 수업도 듣고 국회 인턴으로도 일해봤지만 몸싸움은 전혀 예상 밖이었다. 당시 언론사 카메라에 얼굴이 찍혀 다음 날 신문에도 크게 보도되었다.

그날 내가 모셨던 국회의원은 심한 부상을 당했다. 며칠 후 의원회관실 복도에서 그를 가격한 다른 당의 국회의원을 만났는데, 그들은 서로에게 너무 세게 휘두른 것 아니냐며 웃으며 농담을 건넸다. 그들의 모습을 보며 나는 죽어도 정치인 재목은 아니라고 생각했다. 그러나 입법 발의와 활동들을 보면서 배움에 대한 갈증은 계

•
2009년 '북한 이탈주민 보호·정착지원법' 개정안이 통과되어 하나원의 소재지를 기준으로 주민등록번호를 부여받았던 탈북민은 한 차례에 한해 정정할 수 있게 되었다. 이후 입국한 탈북민들도 주민등록번호 뒷자리가 125나 225로 시작하지 않는 번호를 부여받았다.

속 커져만 갔다.

돈 쓸 시간이 많지 않았기 때문에 통장에 월급이 고스란히 모였고, 나는 다시 대학원을 다니기 시작했다. 학부 때와 달리 공부하는 것이 즐거웠다. 수업 외의 시간은 도서관에 나만의 아지트를 만들어 오로지 책 속에 파묻혀 살았다. 그러나 점점 돈이 부족해지면서 방법을 모색해야 했다. 그래서 생각해낸 것이 학위 과정을 빨리 마치고 기업에 취직해 돈을 벌어 다시 돌아오는 것이었다.

남보다 일찍 석사과정을 마친 나는 여러 기업의 신입사원 공채에 지원했다. 이미 노하우(?)가 있어서인지 입사 과정은 기시감이 들 정도로 익숙했고, 공채 준비생들과도 나이 차이가 크지 않아 두 곳에서 합격통지서가 왔다. 모두 대기업의 금융 관련 계열사였다. 욕심을 부려 증권사 계열을 선택해 신입 사원 연수를 받았는데 수준이 꽤 높았다. 금융 쪽은 전공이 달라 문외한이기도 했지만 높은 업무 강도 때문에 학위 논문을 들여다볼 시간조차 없었다. 마침 다른 기업 금융 계열사에도 합격했다는 통보를 받고, 퇴사 후 다시 그곳 연수원으로 들어갔다. 앞선 회사에 비해 업무 강도는 높지 않았지만 퇴근 후 술자리는 매일처럼 새벽까지 이어졌다. 신입이어서 빠져나갈 구실도 많지 않았다. 선택지가 많지 않았기에 그곳에 순치되는 길을 택하고 악착같이 돈을 모았다. 그리고 박사과정에 입학하던 날에 사표를 냈다.

어떤 것이든 처음보단 그 후가 낫다. 박사과정에서 무엇을 공부할지에 대한 목표가 이미 있었기에 곧바로 연구에 집중할 수 있었다. 석사과정 때와 마찬가지로 일찌감치 학위과정을 마쳤고 안정적으로 논문을 쓰기 위해 다시 취업했다. 입사 후 발령받은 부서가 인사팀이었는데 적성에 맞았다. 복리후생도 좋았고 안정적이기도 했다. 안주하고 싶어졌다.

생각해보면 주유소 아르바이트 자리마저 퇴짜 당하기 일쑤였고 탈북민이란 이유로 일한 만큼 대가를 받지 못하며 차별당해야 했던 과거와 비교하면 대기업에서의 일자리는 출세라고도 할 수 있었다. 박사학위를 취득한다고 해도 안정적인 삶을 기약하기 힘들다는 것을 알고 있었고, 무엇보다도 다시 공채로 기업에 입사할 수 있는 나이 제한의 마지노선을 넘어서고 있었다. 회사에 적응할수록 어느 정도의 돈만 벌면 학교로 돌아가겠다는 애초의 결심은 마구 흔들렸다. 결국 무거운 마음으로 학교로 돌아왔다. 돌이켜보면 직장 생활을 통해 사회를 배우고 경력도 쌓았던 그 시절은 유익했다. 그러나 그때, 학교로 다시 돌아가기로 한 결정에 대해선 지금도 가끔 후회한다.

6

/

분단사회의 아웃사이더

이제는 한국사회에 어느 정도 정착했다고 젠체하는 편이지만 한국
사회에서 나를 대하는 명칭만큼은 아직도 낯설고 이질적일 때가
많다. 한국전쟁 전후에 월남한 이들은 실향민 혹은 월남자로 명칭
이 통일되어 있지만, 정전협정 이후 탈북한 이들은 상황에 따라 수
십 가지 호칭으로 불리는 기현상이 지금까지도 지속되고 있다. 물
론 정부가 정한 공식적인 법적·행정적 명칭은 '북한이탈주민'이고
별칭은 '새터민'이지만, 사회적으로 통용되는 탈북민의 호칭은 수
십 가지가 넘는다. 이는 탈북민 정착 제도가 제대로 진행되지 않고
있음을 보여주는 단적인 현상이다.

　나는 군 출신으로 휴전선을 넘어왔으니 '귀순자'였지만, 시대가
변했으니 그 호칭만 빼고 다른 여러 호칭 중 하나를 선택하라는 압
력을 받았다. 주변에서는 총을 들고 넘어왔으니 보로금도 상당할
것이라고 수군거렸지만, 당국 관계자는 동대문시장에서 25만 원이
면 살 수 있는 무기여서 크게 기대하지 말라고 하였다. 그러나 별

로 섭섭하지 않았다. 귀순자라는 침침하고도 부자연스러운 호명에서 벗어날 수 있다는 것만으로도 감지덕지했으니까.

한국전쟁 이후 1990년까지 총 607명의 탈북민이 귀순자라는 호칭으로 한국사회에 존재했다. 이들은 남북한 체제 경쟁 시대에 북한의 실상을 고발하고 남한 체제의 우월성을 선전할 수 있는 존재로 그 가치를 인정받았다. 이들은 '월남귀순자' 혹은 '귀순용사'로 불리며 국가유공자보다도 더 많은 혜택을 받았고, 후한 정착금과 복리후생, 안정적인 직업까지 보장받으며 반공 안보 선전에 활용되었다.

1979년 스물다섯의 나이로 휴전선을 넘어 귀순한 안찬일 박사는 당시 정부로부터 30평대 아파트 한 채와 아파트 두 채를 살 수 있는 액수의 정착금 등을 제공받았고, 본인이 희망하는 대기업과 공기업에 취직이 됐다고 회고했다. 뿐만 아니라 전국 순회강연에 동원될 때면 상당한 분량의 가전제품과 돈과 상품권을 받았다. 당시 한국 여성들이 결혼하고 싶은 상대로 귀순용사를 선호했다고도 한다. 옛일이 됐지만 한국사회에 귀순자의 인기가 하늘을 찌른 적도 있었던 것이다. 하지만 1990년대에 소련을 비롯한 동구권 사회주의 국가들이 차례대로 붕괴되고 북한의 경제난도 심화되며 한 해에 100명이 넘는 탈북민이 들어오자 귀순자의 명칭은 탈북자로 바뀌었다. 체제 경쟁이 더 이상 의미 없다고 판단한 당국의 조치였다. 이들에 대한 사회적 시선과 대우도 달라지기 시작했다.

냉전의 뒤안길로 사라져 시대의 퇴적물로 불릴 법한 '귀순'이라는 호칭이 다시 되살아난 것은 2016년 영국 주재 북한대사관 태영호 공사의 한국행을 통해서였다. 일제히 모든 언론은 약속이라도 한 듯 '태영호 귀순 공사'라고 칭했으며, 정부도 그를 북한이탈주민이나 새터민으로 부르지 않았다. 탈북민사회에서부터 시작해 이제는 한국사회에서 무언의 합의로 자리 잡은 탈북민이라는 호칭도 그에게는 어울리지 않는다. 과거지향적이고 음습한 '귀순'이라는 호칭이 다시금 등장한 것은 아마도 체제 경쟁 시대만큼이나 북한 붕괴를 바라는 일부 진영의 절박함 때문이기도 했고, 탈북민사회 내부에 새롭게 등장한 '수저계급론' 때문이기도 했다.

두 탈북민의 상반된 모습을 지켜보던 탈북민사회에서 수저계급론이 새롭게 부상했다. 태영호가 입국할 즈음, 이미 한국사회에 정착했던 의사 출신의 한 탈북민이 숨지는 사건이 발생했다. 태영호의 입국은 거의 모든 언론이 머릿기사로 다뤘지만, 의사 출신 탈북민의 죽음 앞에서는 모두가 침묵했다. 북한에선 엘리트 신분의 의사였지만 십여 년 전 한국에 건너온 후 일거리를 찾기가 쉽지 않았던 그는, 청소 용역 업체에서 안전모도 없이 고층 빌딩의 유리창을 닦다가 추락해 숨졌다.

북한 고위층 출신의 탈북민은 북한에서부터 금수저라는 세습성을 유지한다. 그런 까닭에 보통의 탈북민은 과거 자신들의 지배자였던 엘리트 출신들을 경계한다. 특히 그들을 불신하는 시각이 탈북민사회에서 확산되는 이유는, 북한에서와 마찬가지로 한국에서도 동일 선상에서 출발하고 있지 않기 때문이다. 그들은 북쪽에서 누렸던 특권을 한국사회에서도 만끽한다. 한국 정부의 보호와 보살핌 덕에 안정된 직업과 남부럽지 않은 월급을 받고 있다. 이들의 처지는 입국과 동시에 실업과 빈곤에 직면하는 일반 탈북민과 극단적으로 대비된다. 금수저 출신을 가용 수단으로 활용해야 하는 정부의 입장도 이해가 되지만, 차별적 대우를 견디면서 이곳에서 열심히 정착하기 위해 노력하는 이들에게 충분한 기회를 주지 않는 것은 분명 문제가 있다.

한국에 와서 십 년 넘게 공부하고 박사학위까지 취득한 탈북민에게도 정부 기관 등에서 연구원으로 일할 수 있는 기회는 거의 제공되지 않는다. 수년 전 어느 연구 기관에 탈북민 박사 몇 명과 함께 북한과 통일 문제 연구 프로젝트의 자문으로 참여한 적이 있었다. 북한과 통일 문제에 문외한인 담당 연구원들과 전문가이지만 실직자에 가까운 탈북민 자문위원들 간의 만남은 어색하고 불편했다. 일정을 마치고 돌아오는 길에 한 탈북민 박사가 "이런 꼴을 보자고 어렵게 학위를 취득한 것이 아닌데…" 하고 탄식했다. 언젠가 탈북민 출신 작가는 이렇게 말했다. "오히려 외국에 나가면 우리를 난민이 아니라 정치적 망명자로 존중해줍니다. 유럽에서 가장 오래된 대학이자 인문학 분야에서 최정상급으로 인정받는 네덜란드의 레이던 대학교에서 일개 탈북 작가인 저를 학과장 대우로 초빙했는데 국내에서는 어떤가요. 국내에 탈북민이 3만 명인데 북한학과에 탈북민 출신 교수가 한 명이라도 있습니까."

수저계급론은 자식에게 대물림되는 특징이 있는데 탈북 엘리트들도 마찬가지다. 한 탈북 엘리트와 가깝게 지낸 적이 있었다. 그는 나를 만날 때마다 공부보다는 북한의 민주화와 반북 활동에 청춘을 바쳐야 의미 있는 삶이라고 독려하곤 했다. 나중에 그의 자녀 모두가 해외 유학을 다녀온 후 안정적인 직장에서 근무한다는 사실을 알고는 씁쓸했다. 실제 나와 비슷한 시기에 대학을 다니던 탈북민 친구들은 학업을 중단하면서까지 북한 관련 활동에 투신했지만, 지금 그들은 중국집 배달원으로, 물류창고 경비원 등으로 살고 있다.

상대적 박탈감은 하급 계층의 탈북민보다 중간 계층의 탈북민일수록 더하다. 북한에서는 나름 잘나갔지만, 한국에서 그들의 경력은 폄훼되고 생계마저도 위태로운 처지로 내몰린다. 교사 출신의 탈북민은 식당 주방보조로, 북한군 연대장 출신의 탈북민은 주유소 아르바이트로, 연구자 출신의 탈북민은 이삿짐을 옮기며 살아간다.

청소부로 유리창을 닦다 추락해 숨진 탈북민의 직업은 의사였다. 물론 체제와 제도가 상이한 이곳에서 북한에서의 경력이 쉽게 인정될 수 없다는 것에는 일정 부분 수긍한다. 하지만 전문직에 종사했던 이들의 방치는 통합과 통일을 얘기하는 정책과는 배치되는 다른 얼굴이다.

얼마 전 국정원 산하 기관에서 근무를 시작한 태영호를 만났다. 언론과 관련 기관들이 붙여준 귀순자나 망명자의 호칭 대신 자신을 탈북민으로 칭하는 태도에서 판단력이 빠른 사람이라는 느낌을 받았다. 그에게 한국에서 힘겹게 정착하고 있는 탈북민에 대한 관심을 요청했다.

오랜 시간 호형호제하는 사이로 지내는, 국책 기관에서 일하는 어느 '탈북민 금수저'는 이렇게 고백했다. "내가 매번 골프 치러 가고 비싼 술을 먹는 것 같지만 매일 사직서를 가슴에 품고 살고 있다. 직장에서 끊임없이 받는 경계심과 그로 인한 스트레스를, 너는 상상하지 못할 거다." 탈북민사회에서 이들의 위치는 성골일지 모르지만, 한국사회에서는 결국 '탈북자'로 대접받고 있다는 고충의 토로였다. 탈북민사회에서 그들은 분명 금수저이지만 그들조차 긴장하며 살아야 할 곳이 바로 만만치 않은 한국사회라는 점도 확인했다.

태영호와 같은 고위 탈북민이 생기면 언론은 북한 체제 균열을 추정하며 당장 큰일이라도 일어날 듯이 호들갑을 떨지만, 정작 한국사회에 살고 있는 대다수 탈북민은 놀랄 정도의 무심함으로 그 사건들을 대한다. 누구보다 간절히 통일을 원하지만 누구보다 생계가 절박한 그들에게 '탈북민 금수저'들은 내 자신의 안위나 열망과는 관계없는 그저 남일 뿐이다. 북한 주민과 고위 간부의 도미노 탈북을 갈구하기보다는 이미 한국에 와 있는 3만 명의 탈북민부터 챙기고 함께하는 것이 통일로 가는 지름길이 아닐까.

2014년 오준 한국 유엔대사가 임기 마지막 연설에서 "북한 주민은 우리에게 남이 아닙니다"라고 말했다. 한국과 세계의 언론들은 세계를 울린 연설이라고 극찬했다. 이를 지켜보던 한 탈북민 후배의 중얼거림이 지금껏 가슴에 남아 있다. "그럼, 우린 남일까요?"

7

25분 만에 귀순하여 십 년 만에 쓴 박사모

탈북민 중 북한에서 한국까지 25분 만에 건너온 사례는 내가 유일할 것이다. 그러나 탈북민이 이곳으로 오기까지 십 년 넘는 세월을 보냈든, 몇 달 혹은 몇 년이 걸렸든 생사를 가르는 절체절명의 시간을 지나왔다는 점에서는 모두 같을 것이다. 어느 북한 연구자는 한 명이 탈북에 성공할 때 서너 명 이상은 실패하거나 잘못됐을 거라고 내게 말한 적이 있었다. 그만큼 한 명 한 명이 이 땅에서 잘 정착하고 잘 살아야 하는 이유가 된다.

그러나 휴전선을 넘어와 십 년 넘게 살았던 이곳은 자유와 풍요만 있는 곳이 아니었다. 자유는 보장되어 있지만 치열하게 경쟁하지 않으면 끊임없이 빈곤에 시달려야 하는 공포는, 외부에서 유입된 마이너리티를 겁박하기에 충분했다. 게다가 탈북민을 향한 폭력적인 시선은 언제나 우리를 따라다녔다. 무정하고 극심한 경쟁의 세계에서 오늘까지 버틸 수 있었던 것은 목숨을 담보로 건너왔던 이 땅에서 어떻게든 살아남아야 한다는 절박함, 그리고 훗날 떳

떳하게 고향으로 돌아가려는 간절함이 있기 때문이다. 그것이 나뿐만 아니라 많은 탈북민이 빈한한 처지에서도 버티며 억세게 살아가는 의지의 원천이자 자양분이다.

한국에 온 지 일 년도 안 돼 대학 생활을 시작했다. 입학식 때 찾아와서 축하해줄 사람이 한 명도 없을 정도로 연고가 없었지만 새로운 출발은 거기서부터였다. 신입생 오리엔테이션에서 지방에서 올라온 몇몇이 나에게 슬금슬금 접근해왔다. 부푼 희망을 가지고 상경했지만 수도권 출신들에게 위화감을 느낀 그들이, 마치 극과 극은 통한다는 역설의 미학처럼, 남과 북의 어마어마한 거리감과 이질감에도 개의치 않고 나를 자신들의 집단으로 초대한 것이다. 사람에게 굶주린 나에게 정情으로 다가온 그들과는 달리, 수도권의 친구들은 보다 현실적으로 나를 대했다. 한국사회에 존재하고 있는 지역, 집안 등의 출신 성분과 부모가 가지고 있는, 혹은 물려받은 부의 규모에 따른 남한사회의 균열과 갈등도 알게 되었다. 모호하고 기묘한 경계가 은밀하게 작동하는 한국사회를 지켜보면서, 남북을 넘어서는 것 못지않게 한국사회에 내재된 이 균열을 넘어서는 것도 큰 문제라고 생각하게 되었다.

동아리와 봉사 활동은 한국사회를 이해하고 적응하는 데 큰 도움이 되었다. 나도 어려운 형편이었지만 군 복무 중인 친구들의 면회와 외박을 챙겼다. 남측 비무장지대에서 수색대원으로 복무하는 친구를 찾아 강원도 민통선 지역으로 갈 때면 묘한 파토스에 휩싸이며 두리번거렸다.

친구들의 부모님과도 자연스럽게 가까워졌다. 지금까지 가족 행사나 명절에도 어김없이 불러주는 친구들을 그때 사귀었다. 부모님들은 지금도 찾아뵐 때마다 용돈을 주시거나 김치와 반찬거리를 챙겨주신다. 처음 인연을 맺은 이후 오랫동안 북한 출신이나 북한 사정에 대해 관심조차 보이지 않던 그들이 지금은 자칭 '북한 전문가'로 바뀌어져 있는 연유를 나는 알 수가 없다. 내색은 하지 않았지만 나를 알고부터 북한 관련 뉴스와 탈북민 관련 프로그램들을 챙겨보면서 나름 전문가가 되었다는 친구 아버지의 취중진담을 듣고 마음이 찡했다. 막냇자식의 신부감으로 TV에서 본 탈북 미녀를 소개해 달라는 난감한 부탁도 불쑥 전해온다. 더 이상 나는 이곳에서 외롭지 않다.

친구들이 군대에 다녀오는 사이 나는 먼저 졸업하고 취직도 했다. 친구들에게 밥도 사고 필요한 것을 챙겼다. 그리고 친구들이 취직을 하고 내가 석사과정에 들어가자, 이번엔 그들이 나의 필요를 살뜰히 챙겨주었다.

나는 어느덧 자본주의사회에 익숙해 있다. 북한의 관습들이 내게서 많이 빠져나갔음을 문득 깨닫고는 놀랄 때가 있다. 그게 좋은 건지 나쁜 건지는 확실치 않았다. 분명한 것은 하나원에서부터 제시되었던 '탈북민 정착 매뉴얼'과는 전혀 다른 길을 지금까지 걸어왔다는 것이다. 그 때문에 나는 간혹, 아직까지도 한국사회에 제대로 적응하지 못한 것은 아닌가 반문할 때가 있다.

대학원이 학부 때보다 좋은 것은 내가 원하는 분야를 집중적으로 공부할 수 있다는 점이었다. 학부에서 정치학을 전공했던 터라 그 연장선상에서 분단 문제를 중점적으로 공부했다. 마음이 헛헛해질 때면 무작정 차를 몰아 산과 바다와 농촌 지역을 다녔다. 트렁크에 텐트를 싣고 다니며 시골 땅에 홀로 누워서 바라보는 밤하늘의 별들이 그렇게 맑고 깊을 수가 없었다.

어느 여름날인가 혼자 치악산을 오르고 있는데 일행이 없는 등산객을 만나 동행한 적이 있었다. 함께 정상까지 오르며 이런저런 얘기를 하다가 내 출신과 사정이 밝혀졌다. 헤어지면서 이메일을 교환했는데, 그는 그 후 학업에 보태라면서 꼬박꼬박 생활비를 보내주었다. 석사과정 졸업 후 메일로 감사의 인사를 드렸다. 그는 나를 대신해 다른 탈북민 학생을 후원하겠다고 하기에 후배의 연락처를 메일로 보내드렸다. 아직도 그가 어떤 사람인지 잘 모른다. 부박한 세상이지만 그럼에도 살 만했다.

박사과정을 마치고 기업에 취직해 일하던 나는 논문을 쓰기 위해 다시 학교로 돌아왔다. '박사 백수' '박사 홍수'라는 말들이 있듯 국내 출신 학자들의 위기감도 잘 알고 있었지만 정치학과 분단 문제의 토대에서 우리가 추구해야 할 통일 문제를 더 진중하게 들여다보고 싶었다. 생계를 위해서라면 안정된 기업에 취업하는 것이 더 나을 수도 있지만 불문곡직不問曲直하고 학교로 돌아왔다.

그러나 남북 분단사를 들여다보는 작업이 그처럼 힘들 줄은 몰랐다. 굴절되고 왜곡된 분단사와 근현대사에서 드러난 우리 민족의 상흔이 그토록 잔인하고 처절할 수가 없었다. 그 속에서 언뜻언뜻 내 처지를 발견하며 극심한 통증을 앓았다. 정신적으로 체력적으로 한계에 부딪히며 논문을 쓰던 중 병원에 실려 가기도 했다. 집에서 작업할 때면 잠자리에 드는 것이 제일 걱정되었다. 한 번 누우면 다시는 깨어나지 못할 것 같았다. 잠을 자더라도 침대가 아니라 책상에 앉은 채로 잤다.

낮에는 도서관이 아닌 임진각에 갔다. 도서관 자료들은 필요할 때마다 확보할 수 있지만 그곳에서는 오래 집중하기가 어려웠다. 그래서 머리를 식힐 겸 임진각에 갔는데, 멀리서나마 북한을 바라보며 작업할 수 있는 한 카페의 2층 공간을 발견했다. 고향을 바라보며 논문을 썼다. 같은 하늘 아래 그곳에는 내가 근무했던 북측의 비무장지대가 있었다. 수개월간 그곳으로 출근하다시피 했다. 새벽 임진각에선 비무장지대로부터 전해오는 상쾌한 공기가 정신과 몸을 정화시켰다. 자유로를 달리다보면 십여 년 전의 나처럼 그곳을 보고 있을 북측 사람들의 모습이 절로 다가오는 것처럼 느껴졌다.

십 년 만에 박사학위를 받았다. 이십 대 초반에서 훌쩍 삼십 대로 건너와 있었다. 학부와 대학원에서뿐만 아니라 이곳에서의 경

임진각에는 '안녕'이라는 이름의 카페가 있다. 이곳의 2층에선 멀리서나마 북한을 바라볼 수 있다.
나는 이곳에서 통일에 대한 논문을 썼다.

힘을 궤적 삼아 분단과 통일 문제를 연구하게 된 것은 결코 우연이 아니었을 것이다.

그사이 정서와 취향에도 변화가 있었다. 명절이면 외롭고 그리워서 몸서리칠 만큼 힘들었던 시절마저도 어느덧 추억이 되었다. 학교와 회사에서 만난 친구들, 명절이면 갈 곳이 없어 축구로 시간을 보내는 고향 사람들과 두루 어울리다보면, 어느새 번다하고 바쁜 명절을 보내고 있는 내 자신을 발견하곤 한다. 입맛도 바뀌었다. 처음엔 한국 음식이 입에 맞지 않아 라면으로 끼니를 때우던 나에게 고향 음식은 유일한 낙이었다. 고향 음식을 먹기 위해 선물을 사들고 부모님과 함께 탈북한 친구들의 집을 기웃거리던 시절도 있었다. 이제는 도리어 고향 음식에 적응하려고 애써야 하는 처지가 되었다. 대학 입학식 때는 찾아와 축하해준 이가 아무도 없었지만 학부와 대학원 졸업식에는 꽤 많은 사람들이 찾아왔다.

학부와 석사 이후보다 박사학위 취득 후의 앞날이 더 어둑했지만 이미 충분히 각오했던 터라 실망과 회의는 적었다. 남북 관계와 통일 문제를 전공했지만 시간강사 자리도 얻기 어려웠다. 그래도 기초수급비 정도의 강사료로 핍진한 생활을 연명하면서도 후배들의 밥값만큼은 챙기려 했다.

2017년 통계청의 '국가통계포털'KOSIS에 따르면, 최근 국내에서 박사학위를 취득한 5명 중 1명은 실업자다. 한국은 1년에 만 명 가까이 새로운 박사를 배출한다. 반면 북한은 최고인민회의 상임위원회 산하 조선국가학위학직수여위원회를 통해 연간 수십 명 정도에게만 박사학위를 수여한다. 한국에선 박사도 실업자 대열에 들 수 있다는 사실을, 탈북민은 쉽게 이해하지 못한다.

탈북 후 학부부터 시작하여 20년 가까이 공부만 하고 있는 선배의 집에 가본 적이 있다. 그는 보증금과 월세가 조금이라도 싼 곳을 찾아 전전했다. 텔레비전이나 옷장, 여벌의 담요도 없는 허름한 그의 집은 엄동설한의 겨울 추위만큼이나 추웠다. 나는 진부한 위로조차 해줄 것이 없어 그저 미안한 마음으로 그의 곁을 서성였다.

어느 고향 후배는 어렵게 박사학위를 취득한 선배들이 변변한 직업도 없이 살고 있는 상황을 지켜보면서 학문의 길을 포기했노라고 말했다. 그러나 나는 버텼다. 강단에 설 수 있는 기회가 거의 없는 현실에 대해서도 굳이 불평하거나 편벽하려 하지 않았다. 한국의 수많은 연구자들이 많은 시간과 비용을 들여 박사학위를 받더라도 냉혹한 현실에 처하는 경우를 이미 충분히 봐왔던 터라, 탈북민 출신 연구자들의 형편만을 호소할 수도 없는 노릇이라고 되뇌었다.

박사학위를 받은 후 부산으로 내려가 탈북민 청소년 대안학교에서 사감 겸 교사로 지냈다. 프린스턴 대학교에 박사후과정 연구원으로 갈 기회가 있었지만 심신이 고갈되고 체력마저 바닥났던 터라 회복할 시간이 필요했다. 탈북민이라는 이유로 학교에서 따돌림을 당하고 상처를 받아 이곳에 온 아이들도 나만큼 회복의 시간이 필요했는지 모른다.

학생 중 절반의 친구들이 중국에서 태어난 아이들이어서 한국말을 거의 하지 못했다. 분단 현실을 온몸으로 보여주는 아이들도 있었다. 예닐곱 살쯤으로 보이는 한 아이는 알고보니 열다섯 살이었다. 또래보다 키가 20센티미터나 작았고 몸무게도 35킬로그램 정도였다. 다른 한 아이는 한국에서 초등학교 6학년부터 시작했지만 탈북민이라는 사실과 말투 탓에 왕따를 당했다. 스트레스가 심해지면서 한 학기 만에 심각한 원형탈모가 시작되었다. 머리를 빡빡 밀었던 그 아이는 대안학교에 와서야 원래의 머리숱을 되찾았다. 이렇게 머리숱이 많은 아이였다는 사실이 믿기지 않았다. 같은 탈북민이라도 성인들은 편견과 차별의 사회에서도 비교적 담담하게 살아간다. 그러나 감수성이 예민한 아이들은 다르다. 탈북민의 자녀라는 이유로 어려서부터 놀림을 받아 상처가 깊다. 이 아이들이 온전히 치유받지 못한 상태로 사회에 나가게 된다면, 아이들에게도 한국사회에게도 불행한 일이 될 것이다.

나의 탈북 노정은 고작 25분에 불과했지만, 그날 착종된 트라우마는 십 년 넘게 나를 괴롭혔다. 초기에는 눈을 감으면 악몽이, 눈을 뜨면 현실이 두려워 바깥출입을 거의 하지 못했다. 이는 극복했지만 지금까지도 비무장지대의 한가운데에서 지뢰를 밟고 서 있는 고약한 악몽만큼은 계속 따라다닌다. 어느 정도 면역력이 생겼다고 생각하는 편이지만, 고통받는 탈북민의 삶을 언론이나 일상에서 마주할 때마다 분단의 통증을 앓는다. 어쩌면 탈북한 이후에도 북한과 통일 문제에 천착한 대가일 수도 있을 것이다.

오직 살아야겠다는 절박함으로 비무장지대를 건너 기적적으로 생존했다. 그리고 오늘 나는 또 다른 오기와 갈급함으로 하루하루를 마주한다. 그것은 바로 통일이다. 단순히 북한이 고향이어서가 아니라, 통일 문제 연구자로서가 아니라, 남북의 분단 체제를 모두 살아낸 경험자로서, 한반도에 존재하는 수많은 조난자 중 한 명으로서 통일을 열망한다. 그리고 그 통일은 소수가 원하고 다수가 외면하는 불가해한 허상이 아니라, 기형적인 분단 체제 안에서 살아온 남북한 사람들 모두를 비정상적인 삶에서 벗어나게 하는 유일한 길이다.

8

자유를 찾아 떠나는 디아스포라

A의 신변 보호를 담당한 경찰에게서 전화가 왔다. A가 휴전선을 넘어온 직후 유관 기관에서 만나볼 의향이 있느냐고 연락해왔지만, 당시 회사에서 지방에 파견되어 근무하던 시기라 그럴 틈이 없었다. 하지만 그가 나를 찾는 데에는 이유가 있을 것이란 생각이 들어 얼마 지나지 않아 그를 만나기로 했다.

그는 내가 있었던 북측 비무장지대에서 근무한 보위군관*이었다. 한국전쟁 이후 휴전선을 넘어 귀순한 적지 않은 이들이 있었지만, 정보 및 사찰을 담당하는 현역 보위군관의 귀순은 그가 처음이었다. 나는 북측 비무장지대에서 근무할 때 그를 본적이 없었지만, 그는 누구보다도 나를 잘 알고 있다고 했다. 그가 나를 벤치마킹하며 한국행을 준비했음을 어렵지 않게 알 수 있었다.

그의 귀순 동기는 명약관화明若觀火했다. 열일곱 살에 입대하여 십 년간 최전방에서 복무한 그는 성실성과 명민함을 인정받아 보위군관으로 발탁된 후 고향에 갔다. 그러나 어머니와 여동생이 굶

---

*
그는 한국군의 중위에 해당되는 장교였다.

주릴 대로 굶주려 제대로 운신조차 하지 못하는 모습을 보며 피눈물을 삼키며 돌아섰고 결국 비무장지대를 넘어온 것이다. '호출귀순'으로도 알려진 그는 현역 보위군관 출신이었지만, 이후 한국사회에선 공사장 등에서 일용직 노동일을 전전해야 했다. 그럼에도 그는 큰 불만이 없었다. 다만 '호출귀순'을 했다는 이유로 안보 강사에서조차 배제하는 국방부에 일말의 섭섭함을 토로하는 정도였다.

나를 찾아온 이유는 옛 전우에 대한 향수 때문이기도 했고 대학 진학 문제를 상담하기 위해서이기도 했다. 공부하며 세상을 새롭게 바라보고 싶다는 그의 말에 기꺼이 대학 진학을 도왔다. 나처럼 정치학을 전공하고 싶다고 했고 준비 끝에 원하는 대학에 입학했다. 첫 학기가 얼마 남지 않았을 때 그에게서 연락이 왔다. 조금은 흥분된 목소리로 종합편성채널(이하 종편)의 시사 프로그램에 출연하게 되었다고 했다. 걱정도 있었지만 만류할 수도 없었다. 방송에 나간 후 그는 일약 스타가 되었다. '호출귀순'이라는 전과 아닌 전과는 안보 강연조차 할 수 없는 처지였지만, 방송에서는 그것만큼 흥미진진한 소재도 없었다. 게다가 비무장지대의 현역 보위군관 출신의 경험과 증언은 부지불식간에 수많은 추종자들을 양산해 냈다.

그런 운명을 시기했을까. 북한 출신자에 대한 뿌리 깊은 편견과 폄하 발언으로 아슬아슬한 긴장의 수위를 넘나들던 방송은 임계

점을 넘어섰고 결국 그는 하차했다. 일용직 노동일을 하면서도 드
러낸 적이 없었던 분개와 상실감은 날이 갈수록 깊어졌고, 어느 날
그는 탈남했다. 탈남지에서의 생활도 녹록치 않았다. 얼마 안 되는
돈마저 현지에서 사기를 당했고 다시 귀국한 이후 아내와의 관계
도 틀어져 결국 징역을 선고받고 구속되었다.

"미안하다." 면회실 저편에서 그가 말했다. 학교를 그만둔 것이
미안한 것인지, 그곳에 있는 것이 미안한 것인지 나는 알 수 없었다.

B를 만난 것은 내가 대학에 입학한 이후였다. 북한의 대학에서
공부하다가 한국 방송을 듣고 무작정 두만강을 건넜다. 운 좋게 한
국에 입국한 그는 당시 비정치적·비경제적 동기로 탈북한 몇 안
되는 탈북민이었다. 그는 공부를 하기 위해 한국에 왔다. 그는 수
도권 대학을 졸업한 후 괜찮은 회사에도 취업했다. 가정도 이루고
두 아이의 아버지도 되었다. 인품이 좋아 그를 형으로 따르는 고향
사람들이 많았는데 나도 그중 하나였다.

그의 좌절은 다른 곳으로부터 연유했다. 그의 자녀가 다니는 학
교로, 자신의 아이를 보낼 수 없다는 학부모들이 거세게 항의해왔
던 것이다. 탈북민의 아이와 자신들의 아이는 함께 공부할 수 없다
는 항의였다. 그는 회사에 사표를 내고 조용히 짐을 싼 후 한국을
떠났다. "미안하다." 새로운 정착지에서 그가 보내온 카톡이었다.
미리 얘기하지 않고 떠난 것이 미안했던 것일까. 몇 달 후 그를 따

르던 동생들이 하나둘 한국을 떠났다. 동고동락하며 살아온 소중한 인연들이 그와 함께 한꺼번에 사라진 것이다.

C는 전형적인 '경제형' 탈북민이었다. 많은 아사자가 생겼던 '고난의 행군' 시기에 인신매매로 중국으로 넘겨졌고 여러 번 팔리면서 가까스로 한국에 입국했다. 하나원에서 만난 탈북민 남성과 결혼했지만 오래가지 못했고 재혼하여 잠시 일본에서 살았다. 한국으로 돌아온 후 어느 공단 지역의 다방에서 일하던 그녀는 이제는 조금 편히 살고 싶다며 다시 다른 나라로 떠났다.

고단한 삶을 살던 그녀에게서 북한이나 한국에 대한 원망과 불평을 들어본 적이 한 번도 없었다. 중국이나 일본에서 생활하던 시절의 회고조차도 없었다. 다만 내게 부탁한 적이 있었다. 친구들 중 내가 대학을 다니는 유일한 사람이니 나중에 자신이 겪은 기구한 삶의 여정을 책으로 남겨 달라는 부탁이었다. 자신 있게 대답해 줄 수 없었던 미안한 마음을 여태 간직하고 있다. 그는 외국에서 살고 있지만 여전히 한곳에 정착하지 못한 채로 부유하는 존재로 살아간다.

나도 북한 출신이지만 탈북민을 생각하면 너무 불쌍하다는 생각이 든다. 북한에서는 배신자로, 한국에서는 북한 체제의 증언자인 동시에 이등 국민, 삼등 국민으로 취급된다. 결국 탈북민은 탈출자인 동시에 남북한 어느 곳에서도 제대로 인정받지 못하는 사생아다. 이러한 낙인 효과의 무게를 스스로 벗어던지고 국제사회의 미아로, 디아스포라로 남기 원하는 이들이 점차 많아지고 있다. 차별의 경계선을 다시금 넘어서려는 그들의 선택을 비난하는 이들도 있지만, 그에 대한 책임을 인정하거나 반성하는 이들은 없다. 이것이 바로 분단의 조난자들이 겪고 있는 비극이자 슬픔이다.

목숨을 걸고 입국한 한국을 다시 등지는 탈북민의 행렬은 꾸준히 계속되고 있다. 정확한 통계가 공개된 적이 없어 구체적으로 알수는 없지만, 일각에서는 약 5,000명의 탈북민이 탈남했거나 탈남했다가 되돌아온 것으로 추산한다. 2017년까지 한국에 입국한 탈북민이 3만 명이니 6명 중 1명이 탈남했거나 탈남 경험이 있는 것이다.

이러한 사실은 독일과 비교하면 차이가 상당하다. 1990년 독일이 통일을 이룰 때까지 동독에서 서독으로 탈출한 이들은 무려 460만 명에 달한다. 그뿐이 아니다. 460만 명의 동독 탈출자 중 서독에 정착한 후 다시 제3국행을 택한 이는 극소수인 반면, 우리는 3만 명의 탈북민 중 15퍼센트가 넘는 이들이 다시 탈남하고 있는 것이다.

이중에는 다시 북한으로 돌아간 탈남입북脫南入北자들도 있다. 심지어 한국에 정착한 탈북민 중 북한이 자신의 '조국'이라며 공개적으로 자신을 북한으로 송환할 것을 요구하는 사례도 등장했다. 최근에는 탈남자 증가 추세가 주춤하고 있는데, 이는 한국에서의 형편이 나아져서가 아니라 정부가 외교 채널을 통해 이들의 이탈에 외교적으로 대응하고 있기 때문으로 보인다. 이를테면 영국이나 캐나다와 같이 탈북민이 선호하는 국가와 탈북민 지문 정보를 공유함으로써, 한국 국적의 탈북민이 그 나라에 입국하는 것을 원천적으로 차단하고 있는 것이다. 그러나 지문 공유는 미봉책에 불과하다. 북한과 중국의 삼엄한 국경선이 3만 명에 달하는 탈북민을 막아내지 못했듯이, 탈북민 문제를 동어반복하듯 추상적으로 접근하고 어물쩍 회피하면, 탈남 행렬은 다른 경로와 방법으로 가속화될 것이다.

정작 우려는 다른 곳에 있다. 460만 명의 탈동독민 중 제3국을 선택한 이는 얼마 안 되지만, 그들 중 다시 동독으로 돌아간 이들은 40만 명에 달한다. 동독은 탈동독민이 다시 돌아와도 처벌하지 않았기 때문이다. 만약 북한이 탈남하여 북한으로 돌아오는 탈북민을 처벌하지 않는다는 확신을 준다면, 과거 동독의 사례처럼 제3국이 아닌 북한을 선택할 이들은 훨씬 많아질 것이다.

2016년 3월 북한인권정보센터NKDB가 탈북민을 대상으로 진행한 설문 조사에서 "다시 북한으로 돌아가고 싶다"고 응답한 이들이 20.8퍼센트였고, "북한으로 돌아간 재입북자를 이해한다"고 응답한 이들이 37.9퍼센트였다. 북한도 "비록 죄를 지은 자식이라도 자기의 잘못을 뉘우치고 고향으로 돌아오려는 사람들을 위해 문을 활짝 열어놓고 있다"라고 선전하는 한편, "고난의 언덕을 딛고 올라선 조국은 그사이 천지개벽했다. 탈북자들의 고향과 마을도 몰라보게 변했고 친척과 친구들도 행복한 생활을 누리고 있다"며 탈북민의 재입북을 종용하고 있다.

탈북민의 재입북 문제는 앞으로 훨씬 더 심각하게 대두될 것이다. 김정은 정권 이후 2017년 12월 현재까지 북한이 공개한 재입북자는 26명에 불과하지만 실제로는 훨씬 많다는 것이 대체적인 시각이다. 잊을 만하면 재입북하려다가 적발된 탈북민의 실형 소식이 언론에 등장한다. 앞으로 그 숫자는 훨씬 늘어날 것이다. 재입북의 원인을 북한의 협박과 회유라는 일면으로 단정하기 어려운 부분도 있다. 최근 한 탈북민 청년이 배를 타고 아무런 저지도 받지 않은 채 북방한계선NLL을 넘어 유유히 북한으로 되돌아간 사건도 있었고, 휴전선을 통해 월북을 시도하려다 붙잡힌 탈북민도 있었다. 출국 직전에 공안기관에 의해 잡힌 탈북민도 여럿이다. 재입북한 사람들은 이십 대부터 육십 대에 이르기까지 다양한 연령대에 걸쳐 있다. 가족과 함께 동반 재입북한 경우도 있고, 홀로 북한으로 돌아가 기자회견장에서 한국을 맹렬히 비난했던 탈북민이 훗날 가족을 동반하고 다시 탈북한 웃지 못할 사례도 있다.

북한으로 돌아간 재입북자들의 기자회견을 지켜보면서 나는 몇가지 특이점을 발견했다. 북한 체제에 유리하도록 각본이 짜인 기자회견이겠지만, 이와는 상관없이 그들이 격앙하는 지점은 대개 비슷하다. 그것은 남한사회에서 탈북민이 받고 있는 천대와 멸시, 차별과 수모에서 비롯된 분노였다. 탈북민은 인간 이하의 대접을 받으며 '인간 생지옥'에서 살아가고 있다는 성토였다. 대체로 건조하고 무덤덤하게 시작한 증언은 이 대목에서 절정에 달한다. 기자회견을 지켜보며 이는 단지 그들이 살아남기 위해 연출된 것만은 아니라는 것을 눈치챘다.

충격이 컸다. 나는 한국사회가 그들이 말하는 '인간 생지옥'이라고 추호도 생각하지 않는다. 그러나 생명을 담보로 한국에 왔지만 일그러진 냉대와 편견 속에서 스스로 목숨을 끊거나 이 땅을 다시 떠나야 했던 그들의 마음을 헤아리면 극심한 통증이 가슴을 압박해왔다. 탈북민은 한국에서도 사생아가 되었다. 탈북민은 이질적인 사고방식과 정서의 간극으로 인해 일상적인 차별과 배제를 감당해야 했다. 배고파서 온 사람들이라서 배만 부르면 잘 정착할 것이라는 판단은 너무나 안일했다. 배고픔보다 더한 고통이 같은 민족으로부터 받는 차별이라는 것이 탈남과 재입북 현상으로 나타나고 있는지도 모른다.

A는 '정치형' 귀순자였지만 자신이 받는 추레한 대우에도 별로 불평한 적이 없었다. B는 '목적형' 탈북민으로서 자신의 진로를 주도적으로 결정했다. '경제형' 탈북민인 C도 남에게 의존하며 살지 않았다. 이들의 탈남은 어쩌면 저항의 차원이 아닌, 더 나은 자유를 향한 선택의 결과일지도 모른다. 국제사회의 미아가 될지언정, 한반도의 사생아라는 운명은 기필코 극복해내겠다는 결연한 의지가 그들에게 있지 않았을까. 숙명주의를 넘어서는 발걸음이자 보

다 나은 삶을 향한 모험이 아닐까. 어쩌면 저들은 한반도에 사는 우리 모두가 분단의 조난자라는 메시지를 던지고 있는지도 모른다.

계절이 바뀌면 도래지를 찾아 먼 길 떠나는 철새들처럼 탈남의 무리는 한때 동유럽으로 서구권으로 가더니, 지금은 지문 공유가 되지 않는 북유럽의 사민주의 국가들로 발길을 돌리고 있다. 어느 새벽 국제전화에 잠을 깼다. "너 아직도 한국이냐? 생각보다 끈질긴 면이 있네?" 진심인지 야유인지 모를 탈북민 친구의 전화였다. 북미에서 북유럽으로 대서양을 횡단한 그에게 감탄했다. 그 친구가 온데간데없이 사라진 후 행여 북한으로 재입북했을까봐 사람들은 수군거렸지만, 나는 알고 있었다. 어디로 갔든 언젠가는 다시 만날 것이란 사실을. 그리고 그들이 떠난 자리에 남겨진 이 묵직함은 이곳에 남겨진 사람들이 지고 가야 할 분단의 멍에이자 괴로움이라는 것을.

9

비통한 자들을 위한 정치학

#1.

2007년 작고한 이기택 연세대학교 명예교수님은 한국전쟁 때 월남한 분으로 국제정치학계에서 명망이 높았다. 내가 학부를 시작할 무렵부터 명예교수로 강의하시던 교수님은 나를 중국음식점에 데려가 짜장면과 탕수육을 사주시곤 했다. 휴전선을 넘어온 나를 앞에 두고서, 어린 나이에 38선을 넘어왔던 당신의 1950년을 회고하셨다. 내가 학부를 다니던 당시는 남북한 간 대화와 교류가 활발했던 시기였음에도 자신의 생전에 고향으로 돌아갈 가능성은 희박하다면서 "잘 준비해서 고향으로 돌아가게"라고 내게 당부하셨다.

식사 자리에서는 음식이 담긴 그릇을 앞에 두고, "그릇이 만들어지기 전까지는 함부로 만지지도 담지도 말라"는 또 하나의 당부를 하셨다. 만들어져가는 그릇에 뜨거운 물을 붓거나 손자국을 낸다면 기형적인 모습으로 완성된다는 의미였다. 혈기왕성한 탈북민 청년이 한국사회를 제대로 이해하기도 전에 정치적 논리에 즉흥적으로 경도되는 것을 우려하신 것으로만 이해했었다. 논리가 단순한 이들은 휘둘리기 쉽다. 한국사회에서 소수자이지만 정치적 색채가 강한 탈북민일수록 상투적인 구습에 경도될 수 있다. 정치학을 전공하고 국회에서 근무하면서도 교수님의 말씀을 거듭 떠올렸지만, 뒤늦게야 그 말씀의 의미를 깨달았다.

분단국가에서 정치는 늘 분단 상황 및 통일 문제와 불가분의 관계를 갖되, 의도하든 의도치 않든 끊임없이 피해자를 양산하며 오늘까지도 가장 뜨거운 논란의 지대를 이뤄왔다. 남북한 모두에게 연고를 상실한 탈북민이 사실상 가장 큰 피해자가 될 수밖에 없는 구조이기도 하다. 한때 정치와 통일은 별개의 문제여서 학문에만 천착하면 되는 줄 알았다. 마치 그것은 통일이 모든 이들에게 '우리의 소원은 통일'인 줄 알았던 것과 같은 순진함이자 어리석음이었다. 그러나 한국의 정치와 통일 문제는 야누스의 두 얼굴, 즉 두 개의 전혀 다른 얼굴이지만 분리될 수 없는 하나의 얼굴이며 이념 논쟁의 블랙홀이자 남남南南갈등의 화약고였다. 교수님의 당부는 아직은 덜 성숙한 분단사회에서 홀로서기를 해야 하는 북쪽 출신의 사회초년생을 향한 걱정에서 비롯된 것이었다.

#2.
공부를 잘하지도 못하고 형편도 넉넉지 못한 내가 그럭저럭 학부 수업을 따라갈 수 있었던 요령은 꿋꿋이 앞자리에 앉아 버티는 필사적인 태도와 '적자생존'(적는 자만이 생존할 수 있다)의 강박관념 비슷한 것이 있었기 때문이다.

그날 아침도 "탈북자 100명, 간첩 혐의 내사"라는 제목의 어느 일간지의 머릿기사를 띄엄띄엄 훑어본 채 강의실 맨 앞자리에 앉아 있었다. "북한에서 온 자네는 이 사실을 어떻게 생각하나?" 수업이 시작하자 교수님은 대뜸 질문했다. 나는 처음에는 당황했고, 곧이어 그 물음 속에 내재된 함의와 나와의 착종 관계를 의식했으며, 나중에는 쥐구멍이라도 있으면 들어가고 싶은 심정이 되었다.

그날 이후 스스로 위축되어 친구들과의 관계도 불편해졌고, 차라리 강의가 끝난 후 도망칠 수 있는 일터가 있는 것을 다행으로 여겼다. 이후 나의 자리는 강의실 앞자리에서 뒤쪽의 구석진 곳으로 바뀌었다. 출처마저도 확인할 수 없는 기사를 낸 그 언론사는 단 한 줄의 후속 기사도 없었다. 교수님은 미안하다는 제스처도 없었다. 그 기사로 인해 전국의 많은 탈북민이 한동안 비슷한 일을 겪었다고 한다. 그들에게는 '아니면 말고'식이지만 탈북민에게는 평생 씻을 수 없는 상처를 안기는 언론 보도는 지금도 현재진행형이다.

남북한은 분단 이래 지금까지 서로를 전복하고 타도하기 위해 끊임없이 간첩을 보내거나 포섭하고 있다. 이는 통일에 이르기까지 서로 간에 포기할 수 없는 공작일 것이다. 독일이 통일될 때 서독에 침투해 있는 동독 간첩이 적지 않았다는 사실이, 통일 후 기밀문서 해제 조치로 확인된 것처럼 말이다. 과거에 비해 간첩의 신분 위장과 입국 경로도 정교하고 다양해지고 있다. 탈북민의 입국이 자연스러워진 최근에는 탈북을 가장한 간첩 침투가 늘어나고 있다. 설사 간첩 작전이 실패한다고 하더라도 탈북민사회 자체를 위축시킬 수 있으니 북한에게는 일석이조의 효과가 있다. 이는 통일이 되기까지 탈북민은 잠재적인 간첩으로 피 말리는 삶을 살아야 한다는 이야기도 된다.

2007년 4월, 32명을 사살하고 17명이 넘는 이들에게 부상을 입혀 세계를 경악케 했던 버지니아 공대 총기 난사 사건의 주범은 한국계 미국인이었다. 그는 한국에서 태어난 미국 영주권자였지만, 미국인들은 그를 한국인 모두와 동일시하지 않았다. 이 사건으로 미국인들의 분노가 한국과 한국인을 향할 것이라는 일각의 우려는 기우에 불과했다. 미국 언론들은 오히려 이 사건을 이민자 출신의 국민을 제대로 포용하지 못한 미국사회의 문제로 보도했다. 서독에서 간첩 사건이 터질 때 서독에 정착한 탈동독민은 불이익을 받거나 위축되지 않았다. 탈동독민도 서독의 국민이라는 이념적 포용력과 성숙한 인식이 서독사회에 있었기 때문이다. 미국과 독일이 보여준 성숙한 의식을 우리는 언제쯤 확인할 수 있을까.

#3.

탈북민은 한국사회와 언론이 만들어낸 다음과 같은 이미지들로 얼룩져 있으며, 탈북민이라는 꼬리표를 강화하는 낙인효과를 발휘하고 있다. 한국인과 조선족 다음의 '삼등 국민', 자본주의사회에 적응하지 못한 '부적응자', 배제의 대명사인 '아웃사이더', 남북·남남갈등의 진앙지인 '갈등의 씨앗', 투표권은 있되 목소리를 내지 못하는 '거류민', 남과 북 어디에도 속하지 못하는 '국제 미아' 등등. 한국사회의 인식과 태도를 반영한 이러한 탈북민의 이미지는 창백하고 서늘하다.

언론이 탈북민의 호칭을 활용하는 방식은 더욱 착잡하다. 북한 출신들에 대한 우호적인 기사를 쓸 때는 '탈북민', 이들의 사건 사고를 다룰 때는 '탈북자', 남북 갈등 위기를 강조할 때는 '귀순자', 정부의 브리핑을 받아쓸 때는 '새터민' 혹은 '북한이탈주민'…. 호칭의 변화 패턴은 스크럼을 짜듯 일목요연하기까지 하다. 이제는 기사나 방송에 등장하는 호칭만 봐도 내용의 전개나 결론을 대충 알 수 있을 정도다.

언젠가 통일부 관계자의 하소연을 들은 적이 있다. 탈북민의 부적응 사례는 언론이 귀신같이 알아내 우려먹고 도배하면서도, 탈북민 정착의 모범 사례를 소개하는 행사에 언론을 초대하면 단 한 매체도 오지 않는다는 푸념이었다. 탈북민이나 북한 문제에 접근하는 언론의 태도는 아직도 과거 회귀적이다. 언론들은 '익명의 소식통'을 빌어 북한이나 탈북민 소식을 전한다. 애초에 취재원 없이 만들어진 가공의 기사들도 많다. 그들은 분단을 이용하여 장사를 하고 있는 것이다. 오죽하면 「뉴욕타임스」는 2016년 서울발 보도를 통해, 그동안 한국 언론의 북한 관련 보도의 특징과 문제점을 "소문, 오보, 익명성"으로 지적했을까.*

그런가 하면 탈북민은 '남북한 간 평화와 통일의 가교이자 주역', '먼저 온 통일의 마중물'이자 통일 후 남북한 통합과 상생을 미리 판단해볼 수 있는 '리트머스 시험지', 그 능력을 검증하는 '통일의 시금석'으로 추앙받기도 한다. 탈북민은 우리가 걸어보지 못한 통일의 과정을 위해 꼭 필요한 자산으로 존중받는 듯하다. 그러나 현재의 한국사회에서 동등한 존재로조차 인정받지 못한 이들이 통일 국가의 주역으로 자리매김할 수 있을까. 탈북민은 동등한 국민으로서의 권리는 차치하고서라도 오직 살고자, 살아남고자, 살수 있도록 내버려 달라고 아우성이다. 필요에 따라 절망과 희망이 시소처럼 반복되는 탈북민에 대한 극단적인 호명은 분단의 비극이 야기한 모순을 적나라하게 보여주고 있다.

#4.
"모든 국민은 언론·출판의 자유와 집회·결사의 자유를 가진다." 대한민국 헌법 제21조는 남북한 체제를 비교하며 북한을 비판할 때 제일 먼저 거론된다. 그러나 탈북민은 북한에서와 마찬가지로 한국에서도 자유롭지 못하다.

분단사회에서 살아가는 탈북민은 사회적 위치와 특성상 경로의 존성**을 드러낸다. 북한의 문화와 관습에서 유래한 탈북민의 가

---

*
「뉴욕타임스」, 2016. 9. 15.

치관과 정체성을 거세하려는 메커니즘은, 탈북민이 위축되고 수동적인 존재로 살아갈 수밖에 없게 만든다. 한국사회에는 여전히 이념 중심적 사고와 특유의 배타성에서 비롯한 정치적 역동이 작동한다. 이러한 사회에서 탈북민은 심리적 공포심을 가지고 있으며 늘 자기 검열을 강화하며 살아간다. 자유를 온몸으로 받아들이기도 전에, 비민주적인 처우에 굴복하며 생존부터 추구해야 하는 상황에 처하게 되는 것이다. 탈북민에게 분단사회로의 복속은 언제나 불편하지만 언제나 결정적이다.

탈북민이 정착 제도나 프로그램 운영 등의 문제에 불만을 갖거나 북한 주민에 대해 호의적으로 발언하면, 이를 북한 체제에 대한 찬양으로 곡해하고 비난하는 이들이 있다. 심하면 간첩으로 의심받는다. 탈북민을 원시적이고 미개하게 보는 일부의 차별적 언사는 민족성은 물론 최소한의 인간성마저 파괴하는 불신의 악순환을 추동한다. 탈북민에게 한국사회는 지금도 여전히 분화중인 아我와 비아非我의 경계 지대다.

자유롭게 말할 권리가 있는 이 땅에서 차라리 '벙어리새'처럼 입 닫기를 선택하는 사람들도 있는 반면, 강력한 프로파간다의 이미지와 존재감을 과시하며 모든 의심에서 벗어나려는 사람들도 있다. 북한을 부정하지 않으면 한국의 적이 되어야 하는 분단의 역사 속에서 그동안 '탈북자'와 '강경 보수'는 이음동의어이자 '전가의 보도'나 다름없었다. 물론 탈북민의 개인적인 경험에서 비롯된 피

••
과거의 어떤 선택이 관성 때문에 쉽게 변하지 않는 현상을 말한다.

해 의식 때문일 수도 있다. 또한 북한 인권 문제나 탈북민 문제를 보수 진영의 독점적 담론으로 다뤄왔기 때문에, 자연스럽게 탈북민도 스스로를 보수주의자로 규정하는 측면도 있다. 그러나 한쪽에 편중된 확신이나 단편적이고 편향적인 시각으로 탈북민을 이용하거나 매도하려는 시도는 이제 멈춰야 한다. 이는 탈북민 스스로의 문제인 동시에 오랫동안 이들을 정치적 도구로 삼아온 분단 정치의 폐습이기도 하다.

#5.

희망이 전혀 없는 것은 아니다. 2017년 현재, 탈북민 3만 명의 59퍼센트가 이삼십 대로, 나이가 젊고 제대로 교육을 받은 탈북민이 증가하는 추세다. 7세 이상 20세 이하의 청소년은 3,000명을, 대학생과 대학원생은 2,000명을 넘어섰다. 수준 높은 교육을 받고 민주주의 체제를 체화한 이들은 놀랄 정도의 유연성과 적응력을 발휘하며 사회의 여러 영역에 진출하여 활동하고 있다. 언젠가 다가올 통일의 시대에, 그리고 그 이전에 이뤄내야 할 평화의 시대에 교두보 역할을 감당해야 할 청년들이 점차 많아지고 있다는 것은 희망적이다. 이들은 탈북민사회뿐만 아니라 통일이라는 시대적 요구에 부응하는 새로운 공동체의 리더로 성장할 것이다.

#6.

2017년 11월 13일, 판문점 공동경비구역에서는 영화와 같은 사건이 실제로 벌어졌다. 북한군 병사 한 명이 지프를 타고 공동경비구역으로 돌진한 후 수 발의 총탄을 맞으며 군사분계선을 넘어온 것이다.

그 영상이 방송에 공개되었다. 그의 귀순 소식이 세간의 최대 관심사가 되었다. 한국에 더 이상 존재하지 않을 것만 같았던 귀순자라는 호칭이 다시금 부활했고 "자유를 향한 기적의 대大탈주"를 다루는 언론 보도가 봇물처럼 쏟아졌다.

처음 이 소식을 접했을 때 총상을 입고 정신을 잃은 그가 속히 깨어나기만을 바랐다. 그러나 내게 하루에 열 번도 넘는 인터뷰 요청이 들어오면서 본질과는 상관없는 방향으로 흐르고 있다는 것을 직감했다. 아니나 다를까. 숱한 언론은 '탈북 병사의 영화 같은 사건'을 새로운 막장 드라마로 만들어내고 있었다.

가장 큰 문제는 사경을 헤매는 탈북 병사를 바라보는 천박한 관음증과 이념적 프레임에 있다. 의료진은 치료 중인 병사의 상태를 브리핑하면서 그의 몸속에 있는 수십 마리 기생충의 크기와 내장의 분변, 위장에 들어 있는 옥수수 알갱이 사진까지 적나라하게 공개했고, 그로 인해 탈북 병사의 인격과 존엄은 보호받지 못했다. 만약 그가 탈북 병사가 아니라 한국 국민이라도 그러했을까.

국민의 알 권리를 고려하더라도 그의 상태를 다른 방식으로 충분히 전달할 수 있었을 것이다. 혼수상태였던 탈북 병사의 동의나 의지는 애당초 고려 대상이 아니었고, 의료진은 국방부와의 협의만을 통해 공개했다고 해명했을 뿐 그 어떤 자성이나 반성은 없었다.

탈북 병사에 대한 국방부의 이해할 수 없는 일방적인 신상 공개는 이번이 처음이 아니다. 2015년 메르스 사태 때에도 국방부는 휴전선을 통해 탈북한 병사의 신상을 모두 공개했고, 이로 인해 그는 지금까지도 힘겨워하고 있다. 대체로 탈북 병사는 다른 탈북민보다도 훨씬 힘들게 정착 과정을 밟는다. 그런데 국방부가 이들을 도와주지는 못할망정 그들을 희생양으로 삼아서야 되겠는가. 그러면서도 국방부는 매일같이 대북 확성기를 통해 북한 병사의 귀순을 촉구하고 있다.

의료진의 브리핑 이후 정의당 김종대 국회의원이 환자의 개인정보를 일방적으로 공개한 것은 "인격 테러" "의료법 위반"이라고 지적하자, 곧바로 종북 프레임이 가동되었다. '종북 몰이'가 시작된 것이다. 탈북 병사의 몸 상태를 공개한 것은 북한의 참혹한 실상을 알리기 위한 불가피한 조치였는데, 무엇이 문제냐는 여론이 김종대 의원과 정의당을 몰아쳤고 그들은 얼마 지나지 않아 결국 사과해야 했다. 어쩌면 평소 북한 인권이나 탈북민 문제에 관심이 없었던 진보 진영 스스로 초래한 업보일지도 모른다. 왜 우리나라의 진보 진영은 북한 주민과 탈북민의 인권 문제에 대해서는 그토록 침묵하는가. 인권 문제에 관해 침묵하는 진보는 결코 진보가 아니다.

　나는 탈북 병사가 탈출해온 지역의 인근 비무장지대에서 근무했고 비슷한 경로로 탈출했던 까닭에 많은 언론들이 인터뷰를 요청했지만 끝내 고사했다. 언론이 진실을 원한다기보다는 이 사건을 통해 자신들의 이익을 꾀하고 있다고 생각했기 때문이다. 탈북 병사의 키와 몸무게, 영양 상태까지 다루며 상업주의를 되풀이하던 언론은 급기야 "근육질의 몸매와 현빈을 닮은 병사"라는 새로운 신변잡기로 선정적 보도를 이어갔다. 결국 국방부와 의료진은 공로를, 언론은 시청률을 챙겼지만, 탈북 병사는 인격을 잃었다. 이 사건 이후 어떤 이들은 탈북민과 함께 식사하는 것조차 꺼리기도 했다.

　한국정부와 의료진은 총상을 입어 사경을 헤매는 탈북 병사를 신속하게 치료했고 적절하게 보살폈다. 다만 그 다음이 문제다. 그의 이름과 신상, 건강 상태가 과도할 정도로 언론에 노출되는 과정에서 그의 인격과 존엄은 정치적 목적에 의해 의도적으로 방기되었고, 언론은 이를 이용하여 장사를 했다. 탈북 병사의 삶은 얼마 지나지 않아 한국사회라는 새로운 사선 앞에 놓이게 될 것이다. 개인정보가 공개된 그는 온갖 혐오와 편견에 맞서 위태로운 싸움을 다시 시작해야 할지도 모른다. 분단의 슬픔은 이 지점에서부터 거듭 시작된다.

　나는 탈북 병사가 건강을 회복하고 앞으로도 가치 있는 삶을 살

수 있기를 진심으로 바란다. 목숨을 담보로 휴전선을 넘어왔던 그 선택을 후회하지 않기를 바란다. 먼저 휴전선을 넘어온 선배들의 삶이 대부분 절망스럽긴 해도 누군가는 다시 희망을 새롭게 써가 야 하지 않겠는가.

탈북민은 분단과 통일의 민낯이다. 탈북민의 정착 과정은 우리 사회의 통일 준비 능력과 남북 화해의 가능성을 검증하는 하나의 실험이었고, 그 결과는 우리에게 많은 것을 돌아보게 한다. 탈북민 이 우리 사회에 안정적으로 정착할 수 있도록 돕는 것도 통일 준 비의 한 영역이다. 탈북민까지 아우르는 사회 통합은 분단을 극복 하고 통일에 이르는 여정이 될 것이다. 지금은 비록 탈북민이 우 리 사회의 걸림돌처럼 인식되고 있으나, 언젠가는 통일 시대로 가 는 길에 반드시 필요한 주춧돌이자 디딤돌로 자리매김하기를 기대 한다. 그리하여 비통한 자들이 존재하는 분단사회의 한계를 극복 하고 궁극의 평화에 이르기 위해, 통일을 위한 창조적 실험을 바로 여기에서, 이들로부터 다시 시작하면 어떨까.

10

통일, 결코 호락호락하지 않은 소원

한국에서 몇 안 되는 통일학* 박사가 되었다. 비무장지대에서 근무하며 처음으로 분단을 두 눈으로 보았고, 그곳을 넘어와서는 분단의 아픔을 온몸으로 겪었다. 집요하게 내 삶을 괴롭히는 분단의 질곡에서 벗어나기 위한 탈출구를 통일 문제에서 찾은 이기심이 민족의 오랜 소원에 업힌 듯했다. 통일학 박사라는 것을 밝히면 통일은 언제쯤 되느냐는 진부한 질문을 수도 없이 받곤 한다. 그럴 때면 한국사회에서 살아오면서 궁금했던 부분들, 즉 통일에 무관심하거나 심지어 반대하는 한국인들의 의식에 관한 부분까지 정리할수 있어야 했다.

어려서부터 통일에 대한 믿음과 열망을 깊이 간직한 채 한국에왔지만, 이곳에서 마주친 통일 문제는 북한의 그것과 결코 대등하지 않은 부가적 요소에 가까웠다. 애매하고 불성실해 보이는 논리들을 알아가던 날들은 더 이상 한국에서 통일이 당위의 영역에 속하지 않음을 이해하는 시간들이기도 했다. 한국사회에서는 현실적

•

통일학이란 통일과 관련된 국내외 정치, 경제, 사회, 문화 등 제반 현상을 분석하고 효과적인 통일 전략을 연구하는 학문이다. 정치학과 북한학에서 출발했으나 지금은 여러 학문의 학제 간 연구를 진행하고 있으며, 서울대, 연세대, 이화여대 등의 일반대학원에서 석·박사 학위 과정이 운영되고 있다.

인 소원들이 그 자리를 대체한 듯싶었다. 좋은 대학, 안정적인 회사, 좋은 조건의 배우자, 보다 큰 집과 성능 좋은 차 등으로 상징되는 풍요로운 삶이 '우리의 소원'이 된 한국사회에서 통일은 오랜 관념 속에서 차츰 잊히고 있는 듯했다.

통일을 연구하고 들여다봐야 먹고살기조차 막막했던 학우들이 학위와 상관없는 직종과 분야를 찾아 떠났다. 나도 안정적인 회사에서 꼬박꼬박 들어오는 월급을 받으며 살던 시절이 있었지만 '통일'이라는 기호가 채워주는 포만감이 좋아 퇴사 후 통일을 붙잡고 있었다.

그러던 어느 날 '통일 대박'이라는 구호와 함께 통일 붐이 봇물처럼 터졌다. 다시 사회적 논의의 중심으로 등장한 장밋빛 통일론의 상황만큼은 대박이었다. 정부를 필두로 정치권과 시민단체, 언론, 종교뿐 아니라 기업과 국민들도 관심을 갖고 기민하게 다가섰다. 학술대회와 세미나가 쉴 새 없이 열렸고 관련 금융상품까지 생겨났다. 그러나 얼마 못 가 통일 논의는 잦아들었고 그 자리를 또다시 통일무용론과 통일기피론이 대신하게 되었다. 통일 전문가, 통일 전도사를 자처했던 수많은 통일 장사꾼들은 곶감 빼먹듯 명함을 바꾸며 사라졌고, '통일 대박'에 맞춰 출시된 금융상품들은 쪽박을 찼다.

통일은 한때는 숙명이었고 한때는 금기였으며 한때는 열망이었다. 지금은 숙명도 금기도 열망도 아닌 헛헛한 유물처럼 치부되는 상처 입은 통일을 바라보며, 비로소 난 정색하며 묻고 싶었다. 우리의 소원이 정말 통일인가, 라고.

통일의 손익을 계산하는 것에서부터 통일에 대한 기피가 시작된다. 이해득실을 따지며 통일의 비용을 계산하며 주판알을 튕기고 있을 때 분단은 고착화되었고, 그 시시비비를 가릴 때 남북의 이질화는 심화되었다. 1960년 이후 한국은 산업화를 통해 이뤄낸 눈부신 경제성장의 자부심으로 통일보다는 우리 내부의 풍요를 우선해 왔다. 1997년 12월 외환위기로 인한 국제통화기금IMF 구제금융 사태와 함께 시작한 김대중 정부와 연이어 등장한 노무현 정부는 위기 극복과 새로운 성장 동력을 북한 땅에서 찾으려 했다. 그러나 이후 정권이 여러 번 바뀌었지만 통일 논의는 그 이전의 상태로 후퇴했다.

나는 여전히 통일을 열망한다. 통일은 한반도의 지정학地政學 · 지경학地經學 · 지전략적地戰略的 저주를 '전략적 프리미엄'으로 바꿀 수 있는 가장 확실하면서도 유일한 길이다. 인구 8,000만의 내수시장과 광활한 미개발 지역, 잠재 가치를 미처 헤아리기도 어려운 풍부한 지하자원 등은 우리 경제에 새로운 활로를 제공할 것이다. 통일에 대한 열망은 민족의 신성한 의무이자 과제에서 비롯하되, 생존의 절박함을 넘어 새로운 블루오션의 가능성까지도 품고 있는 것이다.

한편 북한 사람들이 남한 사람들보다 통일을 더 원할 것이라는 임의적인 추정도 오만하다. 광복 70주년을 맞아 2015년 「SBS」에서 방영한 「남북청년통일실험 – 어서 오시라요」에는 탈북민 청년들과 남한 청년들이 함께 출연했다. 방송을 지켜보던 나도 시청자들도 놀랐다. 통일에 있어 탈북민 청년들이 적극적이고 남한 청년들이 회의적일 거라는 통념과 달랐던 것이다. 오히려 반대였다. 한 탈북민 청년이 입을 열었다. "저는 통일에 반대합니다. 지금의 방식으로는 북한이 자원과 값싼 노동력을 제공하게 됩니다. 그러면 북한 사람들은 통일의 피해자가 됩니다. 제가 북한에서 살고 있는 북한 주민의 입장이라면 '왜 우리 자원을 남한한테 싸게 줘야 해요?'라고 생각할 것 같습니다. 북한의 입장에서는 굳이 남한하고 통일을 안 해도 중국이 있습니다." 방송이 나간 후 흥분한 네티즌들의 엄청난 악성 댓글과 비난에 시달렸으며 심지어 개인 신상까지 추적하는 이들을 피해 탈북민 청년들은 한동안 잠수를 타야 했다.

비슷한 시점에 또 다른 탈북 여학생이 한 강연에서 했던 발언도 회자되었다. 그녀는 자신을 비롯한 탈북민이 겪고 있는 차별을 언급하며, 고향 사람들과 북한 주민들이 남한 사람들에 의해 차별받을 것을 생각하면 통일이 반갑지 않다고 했다.

내가 공직자를 대상으로 강의하던 중에 탈북민 정착 시설인 하나원 이야기가 나온 적이 있었다. 하나원을 방문한 공직자들이 탈북민과 대화가 통하지 않아 하나원 직원들이 통역해줬다고 하여, 남북의 언어적 이질감을 토로하는 줄 알았다. 그러나 내가 놀란 것은 그다음 발언 때문이었다. '탈북민이 한국이라는 문명사회에 하루빨리 적응하려면 북한에서 배우고 익힌 모든 것을 남김없이 없애야 한다'는 취지의 발언이었다. 물론 탈북민이 한국사회를 배우고 적응해야 하는 것은 필수적이다. 하지만 그들이 한국사회에 적응하는 것만큼이나 우리 사회도 탈북민과 북한사회를 이해하려고 노력해야 한다. 학부 전공 수업에서 들었던 인상 깊은 문장이 아직까지도 뇌리에 남아 있다. "민주주의는 일방적 동화同化를 강요하지 않는다."

통일로 한 걸음씩이라도 나아가기 위해서는 북한 사람들에게만 일방적 동화와 적응을 강요해서는 안 된다. 북한을 모르고서는 함께 살아가야 할 통일도 없다. 독일 통일이 시사하는 바가 크다. "우리도 국민이다"라는 구호를 외치며 베를린장벽 붕괴를 주도한 것은 동독 시민이었지만, 통일 국가를 위한 국민투표를 추동하며 "우리는 하나의 민족이다"라고 외쳤던 이들은 동독과 서독 시민 모두였다. 합법적 방식과 민주적 절차를 통해 동독은 자기보다 우월한 서독으로의 평화적인 체제 이행을 단행했다. 서독으로의 편입을 선택한 동독 시민에게는 통일 국가에서 동등한 주체로 대접받을 수 있을 것이라는 기대와 꿈이, 동독 시민을 받아들인 서독 시민에게는 민족의 소망을 이뤄내기 위해서라면 경제적 비용을 지불하겠다는 각오가 있었다. 오늘날 유럽연합을 주도하는 통일 독일의 저력은 바로 그 지점에서부터 시작된 것이 아닐까.

동독인들은 "우리도 국민이다"(Wir sind das Volk)라고 외쳤고(위), 서독인들은 "우리는 하나의 민족이다"(Wir sind ein Volk)라고 화답했다(아래).

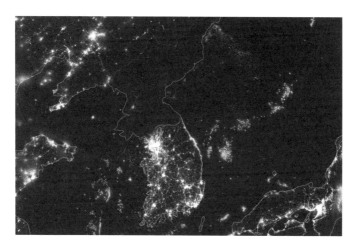

한국은 불 꺼진 북한의 칠흑같은 야경을 강조하고(위), 북한은 대륙과 연결된 자신들과
달리 바다로 둘러싸인 섬처럼 고립된 한국을 강조한다(아래).

반면 우리의 사정은 어떠한가. 통일을 준비한다면서도 그 상대인 북한 사람들의 마음을 얻으려는 노력은 전혀 보이지 않는다. '코리안 드림'을 꿈꾸며 한국에 온 수십만의 조선족 동포가 '이등국민'으로 냉대받는 현실을 본 북한 엘리트들은 그것이 통일 후 자신들의 미래일 수 있다는 생각에, 남한 주도의 통일을 더욱 필사적으로 견제했다. 그뿐인가. 독일의 통일 방식을 벤치마킹하고 있는 남한과 달리 북한은 베트남식 통일 방식을 벤치마킹하고 있다. 베트남의 통일이 사회주의 체제로의 통일이었을 뿐 아니라, 통일 국가의 수혜자들이 모두 구舊사회주의 체제의 엘리트와 그 추종자들이었기 때문이다.

  나는 통일 문제를 연구하면서 북한 주민의 정체성에 관한 연구나 통일 이후를 대비한 청사진은 거의 보지 못했다. 일방적인 통일이 전개된다면 북한 주민들의 저항은 상상을 초월할 것이다. 북한은 일상생활과 근현대사 교육을 통해 꾸준히 저항의 정체성을 주조하고 내면화했다. 이를테면 북한은 미국 상선 제너럴셔먼호를 대동강에서 불태운 1866년을 근대사의 기점으로, 일본 식민지의 저항 조직 '타도제국주의'를 결성한 1926년을 현대사의 기준으로 삼는다. 우리의 근현대사와는 근원부터 다른 것이다.

  세계에서 둘째가라면 서러운 자존심과 자존감으로 똘똘 뭉친 북한 사람들이 지금의 한국사회에 만연한 탈북민에 대한 차별과 배제를 목격하고, 자신들을 향한 천민자본주의적 행태를 경험한다면,

가까스로 통일을 이뤄내더라도 그 통일은 오래가지 못할 것이다.

옛 소련의 해체를 예언했던 정치학자 요한 갈퉁Johan Galtung은 "전쟁이 끝난다고 평화가 찾아오는 게 아니며 그다음에 찾아오는 것은 전쟁보다 더 잔인한 것일 수도 있다"라고 했다. 어쩌면 한반도에 도래할 통일은 또 다른 갈등의 시작일 수 있다. 서로를 적대하고 증오해온 춥고 어두운 분단사와 불신의 악순환이 통일 이후 거칠게 드러날 개연성이 크다.

단언컨대 민족의 생존과 번영을 위한 마지막 동력은 통일에서 확보할 수밖에 없다. 나는 통일에 대한 관심과 열망이 다시 타오르기를 희망한다. 그러나 그 통일은 한밤중에 얻는 '대박'보다는 시나브로 '작은 통일'이 모여 결실을 맺는 끈기와 인내의 열매여야 한다. 제대로 된 통일을 분별하지 못하다가는 민족의 웅비와 미래를 보장받을 수 없다는 점을 깨달아야 할 때가 바로 지금이다.

11

다시, 자유를 찾아서

내가 근무했던 비무장지대의 북측 심리전 방송국에서 창문을 열어 젖히면 남측이 건설 중인 도라산역이 마주 보였다. 엊그제 착공한 것 같은데 벌써 형태를 갖춰가는 모습을 바라보는 내게 후임이 슬 며시 물어왔다.

"쟤네들 우리보다 잘산다는 게 맞습니까?" 아무 대답도 할 수 없었고 '글쎄'라는 단어만이 맴돌았다. 부하가 던진 질문의 의도를 의심하고 경계해서라기보다는 수년간 온갖 심리전에 노출되어 생 활했던 경험으로도 확신할 수 없는 부분이 있기 때문이었다. 하지 만 비무장지대의 상쾌한 공기와 함께 남쪽에서 건너오는 특유의 냄새에는 기가 막히게 적응했다.

내가 수행한 방송국 업무 중에는 비무장지대의 북한군 전투원들 을 대상으로 한 정치교육이 있었다. 그중에는 「면전 심리전의 검은 내막」이라는 제목의 영상물이 있었는데, 이 영상물을 반복하여 보 여주라는 지시가 자주 내려왔다. 영상물에는 휴전선을 넘어 자유

를 찾아 남쪽으로 넘어간 북한 병사들도 등장하는데 그들의 말로
는 끔찍하고도 비참했다. 영상물에 의하면, 남쪽 정부는 처음에는
탈북 병사들을 극진히 환대하며 집과 자가용을 제공하고 취직도
알선한다. 하지만 이용 가치가 없어지면 국군의 생체실험 대상이
되고 특수부대 여군들에 의해 잔인하게 죽임당하는 것으로 마무리
된다. 영상물이 얼마나 섬뜩하고도 생동감 있게 만들어졌는지, 대
부분의 군인들은 이 영상을 실제 상황으로 착각했다.

　이미 남쪽에서는 휴전선을 넘어오면 으레 진행하던 환영 행사나
기자회견 따위는 오래전에 없어졌다. 물론 집과 자동차를 제공해
주고 취직을 시켜주는 호의도 더 이상 존재하지 않는다. 북한이 미
처 몰랐거나 의도적으로 과장했거나 잘못 알고 있었던 거다. 반대
로 생체실험 대상이 되고 총과 칼에 맞아 죽는 비참한 최후도 애초
에 없었다. 정리하자면 귀순에 성공만 한다면 자유도 찾고 목숨도
보장받지만, 다만 그 이후에는 알아서 생을 개척해야 한다.

　탈북민은 한국에 들어온 후 스스로 책임을 다해야 하는 자유와
스스로 개척해야 하는 생존의 문제를 현실 속에서 마주하게 된다.
사회주의사회에서 태어나 성장한 이들에게는 결코 이겨내기 쉽
지 않은 과제다. 특히 귀순에는 성공했지만 사회생활 경험조차 없
는 탓에 한국사회에서 좌절하는 군 출신 탈북민의 형편은 더욱 어
렵다. 더 이상 목숨을 걸고 넘어와도 취직과 같은 호혜는 제공되지
않는다. 그러나 경제적 혜택은 제공하지 못하더라도, 그들도 함께

살아가야 할 한국사회의 엄연한 구성원이자 동등한 국민이라는 사회적 인식만큼은 챙겨줘야 한다. 만약 그렇지 않다면, 북한이 발본적인 상상력으로 구성하고 보급한 시나리오와는 다르게 전개되겠지만, 결국 탈북민의 삶이 비극적으로 끝날 가능성이 크다는 점에서는 그 영상물과 비슷한 결말이 되지 않을까.

　파주시 군내면에 위치한 도라산역에 서서 북한 지역을 눈이 시리도록 바라보곤 했다. 한때 근무했던 초소도 확인하고 그 너머 개성공단의 표면적인 변화와 최근의 척박해진 상황도 살펴볼 수 있었다. 한국으로 넘어온 초기엔 관광 안내 아르바이트를 하며 도라산역에 출입했고, 지금은 교육자가 되어 학생들을 데리고 다녀오곤 한다. 자주 바뀌는 신분만큼이나 매번 착잡한 심정으로 그곳에 선다. 다시 설 때마다 이번에도 살아남았다는 안도감이, 그리움보다 먼저 의식을 감금한다. 그리고 이런저런 부침으로 그 자리에 설 수 없는 후배 귀순자들에게 미안한 마음만 앞선다. 이 같은 상황에는 아랑곳없이, 대북 방송을 통해 '탈북민의 풍요롭고도 행복한 삶'이라는 가상의 희망이 북쪽으로 넘어간다.
　한번은 운전 중에 무심코 대북 확성기 방송이자 에프엠 라디오와 연동된 방송 「자유의 소리」를 듣던 중, 나에 관한 얘기가 나오는 것을 듣고 깜짝 놀랐다. 진행자는 직접 나를 만났다며 가공된 나의 정착 스토리를 상냥한 목소리로 전했다. 그를 한 번도 만나본 적이

도라산역은 서울과 신의주를 잇는 경의선 중 우리나라에서 갈 수 있는 마지막 역으로, 경기도 파주시 군내면 도라산리 민통선 안에 있다. 2000년 9월에 착공하여 2002년 2월에 공사가 완료되었다.

없었던 나는 방송을 들으며 내내 착잡하고 허탈했다. 항의해볼까도 했지만 그러기에는 이미 내 마음이 너무 무기력했다.

비무장지대를 넘어와 이곳에서 살면서 한때 탈북민이라는 신분과 꼬리표를 떼어내고 싶었다. 한밤중 잠에서 깨어 탈북민의 신분으로 살아가야 하는 현실에 한숨지으며 새벽을 맞이하는 날들이 적지 않았다. 공문서와 여권 등에 새겨진 각인은 점차 지워지고 있지만, 한국사회 안에서의 주홍글씨는 더욱 선연해지고 있다.

언젠가 북한 말투를 고쳐 신분을 세탁해보려고 라디오에서 나오는 표준말을 따라하다가 감정이 북받쳐 크게 울었던 날이 있었다. 그날 깨달았던 것은 분단을 넘어서지 않고서는 '탈북자'란 꼬리표에서 절대로 자유로울 수 없다는 사실이었다. 울적할 때마다 비무장지대 인근 지역에 와서 익숙한 공기와 북쪽 지역에서 넘어오는 추억과 그리움의 냄새를 맡는다. 그렇게 위로받고 다시 살아갈 힘을 비축한다.

그나마 나는 운이 좋은 편이라고 생각했다. 생존 확률이 희박한 비무장지대를 살아서 넘어왔으니 말이다. 얼마나 많은 사람들이 잘못되고 실패하는지 잘 알고 있다. 다른 경로를 통해 입국한 탈북민의 사정도 미루어 짐작할 수 있다. 탈북자 주제에 무슨 대학이냐는 비아냥도 들었지만 탈북한 그해 대학에 들어갔고 4년 만에 졸업했으며, 이런저런 차별을 극복하고 국회를 비롯한 여러 대기업에서도 근무해봤다. 박사도 되었고 교수라는 소리도 듣고 산다.

어느 행사장에서 사회자가 '잘 정착하여 자수성가한 군 출신 탈북민'으로 나를 소개할 때면 밀려오는 현기증으로 인해 아찔했다. 지난했던 개인사가 떠올라서가 아니라 군 출신 탈북민과 또 다른 탈북민의 삶이 파노라마처럼 밀려왔기 때문이다. 그들을 지근거리에서 지켜본 나로서는 운이 좋았다는 말조차도 이제는 죄인의 독백처럼 내뱉어야 했다.

그리고 분단사회의 저변을 경험하면서 또 하나를 알아챘다. 아무리 성공했다는 소리를 듣고 그럴듯한 명함을 가지게 되더라도 탈북민이라는 신분이 존재하는 한 동등한 자격으로 존중받기 어려운 경계가 있다는 것을 말이다. 그것은 또 하나의 사선이다. 나는 지금도 그 사선을 넘고 있는 중이다.

사실 조금만 더 숙고해보면 분단사회에서 살아가고 있는 우리 모두도 마찬가지다. 북한의 실상을 접하면서 북한에서 태어나지 않은 것을 운 좋게 생각하는 발상이나, 탈북민을 자신과 동일한 정체성을 가진 공동체의 일원으로 보지 않고 비하하는 태도는 결국 분단 구조에 기거하고 있는 동거인들의 이중 인식이자 모순어법이다. 분단이 민족의 번영과 국가의 도약을 가로막고 우리 사회의 모든 대립과 분열의 근원임을 직시한다면, 현재의 분단 상황이 계속된다면, 우리의 개인사적인 행운도 그 시효가 결국 다하지 않겠는가.

어느 날 도라산역에 함께 간 고향 후배가 북한 지역을 응시하다가 물어왔다. "언젠가 저곳에 갈 수 있을까요?" 십여 년 전 북측 비

도라전망대에서 바라본 북한 지역. 십여 년 전 나는 저곳에서 이곳을 바라보고 있었다.

무장지대에서 내게 물었던 부하의 질문을 듣던 때처럼, 후배의 질문에도 쉬이 답하지 못했다. "저쪽에서 살았던 시간과 이곳에 와서 살아남고자 버둥거렸던 노력이 다시 합쳐지면 언젠가는 저곳에 닿을 수 있지 않을까?" 여전히 분단선에 선 채 혼잣말처럼 중얼거렸지만, 진정한 자유에 대한 갈망만큼은 그 어느 때보다 절실했다.

2부

한반도의
조난자들

1945년 해방 직후부터 현재까지,
남과 북, 어디에도 속하지 못한 채
부유하는 이들은 계속 존재해왔다.
나는 그들을 '한반도의 조난자들'이라고
부른다.

12

1940년대와 오늘: 서북청년단이란 유령

서북청년단*에 대해 처음 들은 것은 십여 년 전 대학의 정치학 전공 수업을 통해서였다. 그때만 해도 1945년의 해방 정국에서 무수히 결성된 수많은 우익단체 중 하나로만 치부했다. 서북청년단이라는 이름을 다시 접하게 된 것은 몇 년 전 어느 토론회에서 한 발제자가 당시 '21세기 서북청년단'으로 왕성하게 활동하던 어버이연합 등의 보수단체와 함께 탈북민단체와 탈북민을 거명하면서부터였다. 처음에는 무슨 뜻인지 몰라 의아했다.

이후 몇몇 언론 매체와 지면에서 왕왕 '21세기 서북청년단'으로 특정 탈북민단체가 오르내렸고, 일부 보수세력은 서북청년단 재건을 공공연히 추진하며 파문을 일으켰다. 2014년 4월 16일 세월호 참사 이후, 이들은 노란리본을 제거하는 무력행사 등을 통해 세월호 유가족을 '때려잡아야 할 빨갱이'로 규정하기도 했다. 그리고 그해 11월에는 '서북청년단 재건 준비위원회'를 정식으로 결성했다.

서북청년단은 서북청년회란 명칭과 함께 '서청'이란 약칭으로도 불린다.

나는 처음에는 불편한 마음으로 접했다가, 차츰 남다른 심정으로 서북청년단에 대해 알아가기 시작했다. 서북청년단과 탈북민이 함께 호명되지 않았다면 결코 알지 못했을 역사였다. 70여 년 전, 해방 직후의 반공 조직이었던 서북청년단의 정체를 알아갈수록 나는 경악할 수밖에 없었다. 이런 서북청년단과 탈북민단체를 동일선상에 두는 일부의 시선에 대해 나는 반발하고 분노했다. 한편으로는 탈북민단체와 탈북민에 대한 한국사회의 시선이 저토록 증오와 경계를 복선으로 깔게 된 원인은, 탈북민 스스로가 만들어낸 측면도 없지 않다는 생각에 씁쓸하기도 했다.

그러나 서북청년단과 탈북민을 동일시하려는 시도는 경계해야 한다. 이를 위해선 서북청년단의 역사를 재조명하되, 탈북민사회의 각성과 더불어 한국사회의 경계와 불신도 해소해야 한다. 분명한 것은 서북청년단은 남북한 체제 모두에게 인정받지 못한 불편한 존재였으며, 오늘날까지도 악몽을 생산해내고 있는 증오의 진원지라는 것이다. 서북청년단은 과연 어떤 단체이고 어떤 사람들인가. 고은 시인은 「선우기성」이라는 시에 그들의 실체를 담아냈다.

해방 뒤 38선 이북은 일제잔재 청산이 있었다
행정에 필요한
일제 하급 공무원은
우선 활용했으나

악질 친일파로 숙청당한 사람들 많고 많았다

숙청을 피해

38선을 넘은 사람들 많았다

1946년부터 38선은 생사의 경계였다

넘어와

북의 공산당에 이를 갈았다

…

1946년 11월 30일

서북청년회가 결성되었다

오직 이승만 박사에게 충성을 바쳤다

나는 선우기성이 아니라

이승만 박사의 손가락이다

오늘도 이승만의 주먹 두 개를 쥔다

서북청년회 지도자 선우기성

조국의 완전 자주독립 전취

균등사회 건설

세계 평화의 건설

서북청년회 3대 강령

오죽이나 이상적이냐

자주와

평등

평화가 오죽이나 이상적이냐

철저한 반공노선

회원 6천 명

첫 투쟁은 좌익단체 습격

백색테러가 시작되었다

…

　서북청년단은 해방 직후 북한이 단행한 친일 숙청과 토지개혁 등에 의해 탄압받고 재산을 빼앗긴 이북의 청년들이 남한으로 내려온 후 만든 반공단체다. 지주, 자본가, 개신교도, 민족주의자, 친일파 등으로 구성된 이들은 대부분 황해도와 평안도 출신들이었다. 공산당에 의해 재산을 빼앗기고 고향에서 쫓겨나듯 도망쳐야 했던 아픈 경험 탓에 북한의 공산당뿐만 아니라 남한의 진보적인 세력까지도 '빨갱이'로 매도하며 거부감과 증오를 노골적으로 표출했다. 특히 남한에 내려온 후 아무런 기반도 없는 처지와 경제적 궁핍함으로 인해 생존이 막막한 현실이 서북청년단의 잔혹성을 키웠다. 서북청년단은 점차 폭력과 테러 등을 통해 존재를 과시했다.

　학자들은 해방 후 한국전쟁까지 북한에서 남한으로 내려온 월남자 숫자를 80∼100만 명 정도로 추정한다.* 이들은 북한에 대한 피해 의식으로 반공·반북 이념을 가지고 있었으며 미군정과 우익 세력은 이러한 성향을 간파하고 이들을 최대한 이용했다. 서북청

*
신윤동욱, "박근혜 이후를 묻다", 「한겨레21」 1153호, 2017.

년단은 월남자 중에서도 평안청년회·황해청년회·함북청년회·북선청년회·대한혁신청년회 등을 통합하여 1946년 11월 30일 서울 YWCA 강당에서 열린 창립식을 통해 그 모습을 세상에 드러냈다. 고은 시인의 시에 등장하는 선우기성이 중앙집행위원장으로 선출되었다.

여기서 간과하지 말아야 할 점은 100만 명에 달하는 월남자들 전체가 서북청년단에 가입한 것이 아니듯이, 단원들 전부가 '백색테러'를 자행한 것도 아니란 점이다. 무엇보다도 월남자 모두가 극우 인사는 더더욱 아니었다. 그러나 이때부터 서북청년단은 자신들이 강령으로 내세운 조국의 완전 자주독립 쟁취, 균등사회 건설, 세계 평화 등과는 거리가 먼 암살과 테러의 통로로 자리했다. 한때 이들은 공산 치하의 피해자였지만, 이제 남한에서는 좌편향 세력과 대중을 상대로 무차별적 테러를 가하는 가해자가 되었다.

북한과 좌편향 세력에게 치를 떨면서도 경제적으로 궁핍한 서북청년단에 제일 먼저 접근한 이들은 미군정과 집권을 노리던 우익 세력이었다. 서북청년단은 창단 직후부터 미군정과 경찰의 비호를 받고 서북 출신 재력가들로부터 자금 지원을 받으면서 무소불위의 세력이 되었으며 잔악한 활동으로 유명세를 떨치게 된다. 좌익과 우익 세력이 충돌하는 곳에는 언제나 서북청년단이 선봉대로 싸웠고, 미군정도 이들을 대북 첩보요원이나 게릴라로 활용했다. 서북청년단이 가진 치명적인 정체성과 극단적인 광기를 특정 세력이 이용하고 권력이 비호했던 것이다.

아마 이 지점이 해방 직후의 서북청년단과 현재의 탈북민단체를 동일시하는 근거로 차용되는 듯싶다. 물론 적지 않은 탈북민이 북한에서 당한 아픈 경험과 피해를 기억하며 이곳에 와서도 그곳을 증오한다. 그리고 대부분이 경제적으로 궁핍한 까닭에 관제 데모에 참여하는 것으로 생계를 유지하는 이들이 있다. 뿐만 아니라 지금도 미국으로부터 북한을 민주화한다는 명분으로 지원금을 받아 활동하는 단체들도 있다.

그렇다고 해도 특정 탈북민단체가 전체 탈북민을 대표하지 않듯이, '21세기 서북청년단'이라는 오명을 탈북민 전체에게 단순 대입하는 것은 어불성설에 가깝다. 당시 법 위에 군림했던 서북청년단과는 달리 생계형 탈북민단체들은 남한사회의 주변부에 위치하며 그 참여도 극소수이고 제한적이다. 무엇보다도 서북청년단은 월남자들 가운데 혈기왕성한 35세 미만의 청년들로 구성되어 혼란을 틈타 악명을 떨쳤지만, 오늘날 한국사회에서 살아가는 다수의 탈북민 청년들은 자유와 민주주의가 무엇인지 정확히 알고 있으며 이를 일상 속에서 영위해나가고 있다. 그런데 역사의 뒤안길로 사라졌던 서북청년단이 21세기 대명천지에 부활하고 있는 것이다.

1949년 6월 26일 정오 무렵, 서북청년단의 간부였던 안두희는 경교장에 들어가 백범 김구를 암살했다. 그들은 정치 지도자뿐만 아니라 좌편향이란 혐의를 씌워 현직 검사에게 테러를 감행했으며 문화계 인사들이 모인 부산극장에 다이너마이트를 던지기도 했다. 큰 공로를 세운 단원들은 경찰과 군에 취직이 되었고, 이들처럼 출세하려는 이들의 부역 활동은 더욱 극렬해졌다.

서북청년단의 대표적인 만행이 바로 제주 4·3 사건 중에 일어났다. 1947년 3월 1일 경찰의 발포로 민간인 6명이 사망한 사건을 기점으로 하여, 1948년 4월 3일부터 1954년 9월 21일까지 발생한 소요 사태와 무력 충돌, 진압 과정에서 민간인들이 억울하게 희생당한 사건이다. 당시 30만 명 정도였던 제주도민 중 3만 명 이상이 학살되었는데, 제주도를 피로 물들게 한 이 학살을 주도한 것이 바로 서북청년단이다. 얼마나 끔찍한 학살과 엽기적 만행이 있었는지 지금까지도 정확한 피해 규모조차 확정하지 못하고 있다. 당시 살아남은 생존자들은 지금도 서북청년단원을 '사람백정' '악몽의 그림자'로 기억하고 있다. 고은 시인이 쓴 또 다른 시 「오라리」에는 당시의 비극이 오롯이 담겨 있다.

제주도 토벌대원 셋이 한동안 심심했다
담배꽁초를 던졌다
침 뱉었다
오라리 마을 잡힌 노인
임차순 옹을 불러냈다

영감 나와

손자 임경표를 불러냈다

너 나와

할아버지 따귀 갈겨봐

손자는 불응했다

토벌대가 아이를 마구 찼다

경표야 날 때려라 어서 때려라

손자가 할아버지의 따귀를 때렸다

세게 때려 이 새끼야

토벌대가 아이를 마구 찼다

세게 때렸다 영감 손자 때려봐

이번에는 할아버지가 손자를 때렸다

영감이 주먹질 발길질을 당했다

이놈의 빨갱이 노인아 세게 쳐

세게 쳤다

이렇게 해서 할아버지와 손자 울면서 서로 따귀를 쳤다

빨갱이 할아버지가 빨갱이 손자를 치고

빨갱이 손자가 빨갱이 할아버지를 쳤다

이게 바로 빨갱이 놀이다

그 뒤 총소리가 났다

할아버지 임차순과 손자 임경표

더 이상 서로 따귀를 때릴 수 없었다

총소리 뒤 제주도 까마귀들 어디로 갔는지 통 모르겠다

시에 등장하는 토벌대원은 당시 미군정과 경찰이 '신뢰할 수 있는 토벌대'로 지목했던 서북청년단이었다. 서북청년단은 이 시기에 벌어진 광기의 학살에 가담한 테러 조직이라는 역사의 오명을 쓰게 되었다. 오죽하면 당시 미군정청 사령관이었던 존 리드 하지 John Reed Hodge마저 서북청년단의 만행을 보고 진저리를 치며 단체 해산을 심각하게 고민했다고 한다. 결국 이들의 존재는 이승만 정권에게도 정치적 부담으로 다가왔고, 1948년 12월 모든 청년 단체를 통합해 대한청년단을 출범시켜 서북청년회를 해체해버렸다. 이후 서북청년단 출신 중 남한에서는 출세한 이가 거의 없었다. 그들이 그토록 원했던 경제적 보상도 없이 토사구팽의 신세로 전락했다.

해방과 함께 시작된 남북 분단사가 70년을 넘어섰지만 지금도 한반도는 어둠의 그림자 밑에서 분열의 역사를 이어오고 있다. 그리고 그 어둠 속에서 다양한 모습의 분단 괴물들이 등장하고 소멸하기를 반복하고 있다. 분단의 피해자이면서도 가해자였던 서북청년단은 하루빨리 분단을 끝내지 않고서는 역사 속에서 이러한 비극이 끊임없이 반복될 것이라는 슬픈 교훈을 남긴다. 서로를 적대하고 증오한 채 우리도 희생자 혹은 가해자가 될 수 있다는 비극 말이다.

13

1950~1960년대 :
'밀실'과 '광장' 사이의 자유인들

우리 집 서재에 꽂혀 있는 최인훈의 소설『광장』은 다른 책들과 달리 낡고 오래된 탓에 쉽게 눈에 뜨인다. 더 이상 필요 없을 것 같은 책들은 정기적으로 정리하는 습관을 가지고 있는 내게 이 책이 아직까지 남아 있다면 제법 소중한 책일 법도 한데 꼭 그렇지도 않았다. 대학 시절 과제 준비 때문에 이 책이 필요했을 때 선배가 선뜻 자신의 책을 주었고, 언젠가 서재를 뒤적거리는 후배에게 이 책을 가져가 읽어볼 것을 권했지만, 그가 돌아간 뒤에도 그 책은 아직 그 자리에 붙박이처럼 남아 있었다.

대학 시절 읽었던『광장』은 흥미진진했으나 그렇다고 울림이 오래갔던 것은 아니다. 가끔 선배들이 굉장한 충격을 받을 정도로 삶을 뒤흔든 책이라고 말하곤 했지만, 내 경우는 그들이 느끼는 감정의 결과는 사뭇 달랐다.

휴전선을 넘어 한국에 온 지 두 해도 되지 않았던 시절이라 자신감이 넘쳤고 대학 졸업 후의 장밋빛 미래를 생각한다면, 그 책은 그저 1950~1960년대에 국한된 이야기일 뿐이었다. 게다가 독재와 반공의 서슬이 시퍼렇던 시절에 저런 책이 출간될 정도라면 한국 사회는 북한에 비해 얼마나 진일보한 사회인가.『광장』을 통해 한국사회의 현실에 비판적인 시각을 갖게 되었다는 이들과 달리, 나는 이 책을 읽으며 오히려 이렇게 좋은 시절에 남한에 와서 살게 된 것이 얼마나 행운인지를 생각했다.

한국에 와서 산 지 십 년이 훌쩍 지났다. 광화문 촛불집회로 떠들썩하던 어느 겨울밤, 광화문광장에서 멀지 않은 한 서점에서 이소설을 다시 마주했다. 내가 갖고 있던 볼품없고 낡은 책이 아니라특유의 종이 냄새를 듬뿍 머금은 새 책이었다. 196쇄를 돌파했으며 여섯 차례 개작을 통해 내용과 문체를 개선했다고 서문에 적고 있었다. 이 책은 지금도 매년 1만 5,000부씩 발행될 정도로 인기가 있다는 사실도 알게 되었다.

"소설『광장』이 세상이 나온 지 곧 60주년이 되겠지만 주인공 이명준의 비극은 지금도 현재진행형"이라는 책에 실린 해설을 먼저 탐색하면서 선 채로 주섬주섬 책을 읽기 시작했다. 대학 시절 쉽게 읽고 쉽게 잊은 책이었지만 이번에는 그렇지 않았다. 다 읽은 후책을 구입하여 집으로 돌아왔다. 소설은 해방부터 한국전쟁 때까지를 배경으로 한다. 요약하면 이렇다.

주인공 이명준은 철학도다. 해방 후 만주에서 귀국하여 서울에서 살지만 남로당 간부 출신인 아버지는 월북하고 어머니마저 죽게 된다. 아버지와 달리 이념에 무관심했던 명준은 자기만의 밀실에서 이념적 지향이 없는 삶을 추구하며 살아간다. 그러나 북한의 대남 방송에 자주 등장하는 아버지 덕분에 경찰서에 불려가서 과거 일본 고등계 출신 형사에게 고문을 당한다. 형사들은 그를 빨갱이로 몰아붙인다. 더 이상 자신만의 밀실에서 개인의 자유를 보장받기 어려웠던 명준은 남한의 현실과 자신이 처한 상황에 환멸을 느끼고 결국 아버지가 살고 있는 북한으로 월북한다.

하지만 북한도 명준이 기대하던 이상사회가 아니었다. 남쪽이 광장은 없고 탐욕의 밀실만이 가득한 공간이었다면, 북쪽은 플래카드와 구호만 가득한 집단적 광기의 광장만 있을 뿐 밀실을 허락하지 않는 공간이었다. 남쪽이 방종이 만연한 사회였다면, 북쪽은 부자유가 숨통을 조이는 사회였다.

그가 북한에서 마주한 것은 '잿빛 공화국'이었다. 공화국의 신문기자로 활동하지만 이미 정해진 각본대로 기사를 쓸 뿐이었다. 공화국의 거대한 광장에는 꼭두각시처럼 동원된 사람들뿐이고 그들은 건조하게 혁명의 흉내만 내고 있었다. 그런 숨 막히는 공간에서 명준은 국립극장 소속의 발레리나 은혜를 만났다. 그녀는 외로움과 절망 끝에 만난 마지막 안식처이자 그가 다다른 최후의 광장인 것처럼 느껴졌다.

한국전쟁이 발발하자 그는 인민군 군관이 되어 다시 남한으로

『광장』의 초판본 표지. 한국문학사
의 기념비적 저작으로, 문학평론가
김현은 이 소설이 출간된 1960년을
"『광장』의 해"라고 명명하였다.

내려온다. 낙동강 전선이라는 '광장'에서 은혜를 만나 자신들만 아는 동굴('밀실')에서 사랑을 나누며 위안을 얻는다. 은혜는 임신한 채로 사망한다. 낙동강전투에서 포로로 잡힌 명준은 포로석방심사에서 남쪽도 북쪽도 아닌 중립국을 택한다.

　"동무는 어느 쪽으로 가겠소?"
　"중립국."
　…
　"동무, 중립국도 마찬가지로 자본주의 나라요. 굶주림과 범죄가 우글대는 낯선 곳에 가서 어쩌자는 거요?"
　"중립국."
　…
　"다시 한 번 생각하시오. 돌이킬 수 없는 중대한 결정이란 말이오. 자랑스러운 권리를 왜 포기하는 거요?"
　"중립국."
　…

이번엔 남측 심사관이 묻는다.

　"대한민국엔 자유가 있습니다. 인간은 무엇보다도 자유가 소중한 것입니다. 당신은 북한 생활과 포로 생활을 통해서 이중으로 그걸 느꼈을 겁니다. 인간은…"

"중립국."

…

"조국의 품으로 돌아와서 조국을 재건하는 일꾼이 돼주십시오. … 만일 남한에 오는 경우에 개인적인 조력을 제공할 용의가 있습니다. 어떻습니까?"

"중립국."

명준에게 남한이나 북한은 결코 광장도 밀실도 아니었다. 명준을 비롯하여 제3국을 선택한 전쟁 포로들을 태우고 인도로 가는 타고르호를 갈매기 두 마리가 따라온다. 배가 동중국해를 지날 때 명준은 은혜와 그녀가 품고 있었던 딸을 떠올리며 검푸른 망망대해 속으로 몸을 던진다. 명준이 몸을 던진 그 바다가 그가 그토록 원했던 자유의 광장이며 밀실이었을까.

『광장』은 잔인한 분단사를 담아내고 있다. 이 소설이 세상에 나온 지 반세기가 훨씬 더 지났지만 광장과 밀실에 대한 열망과 호소는 지금도 계속되고 있다. 아직도 북한의 광장은 핵과 미사일 같은 화약내 풍기는 퍼레이드와 주민을 강제 동원한 각종 집단적 이벤트만이 기능한 공간이다. 한편으로는 장마당(시장)과 가족을 중심으로 한 은밀한 '밀실'도 생겨나고 있다. 이명준이 그토록 절망했던, 광장은 죽고 밀실만 풍성했던 한국사회도 1960년의 4.19혁명, 1987

년의 6월혁명, 그리고 근래의 촛불혁명을 거치면서 민중이 다 함께 누릴 수 있는 광장을 확보하기 위해 꾸준히 투쟁하고 있다. 그렇다면 이 소설이 세상에 나온 지 반세기가 지났지만 아직도 읽히는 이유는 무엇일까. 어쩌면 또 다른 이명준이 고통받고 있기 때문은 아닐까.

지금도 남북한 어디에도 참여할 수 없는 낯선 이방인들이 있다. 탈북민은 아직 광장을 마음껏 누리지 못한다. 탈북민은 아직도 '이명준'으로 살고 있는지도 모른다. 사회적 광장으로 초대받는 데 실패한 이들이, 자신이 어디에도 속할 수 없다고 깨달을 때 할 수 있는 선택이란 이곳이 아닌 다른 곳일 수밖에 없다. 제3국으로의 탈남, 아니면 북한으로의 재입북, 다시 재탈북… 아니면 이명준과 같은 최후의 선택.

1950년대의 이명준처럼, 탈북민은 지금도 북한과 관련된 안 좋은 사건이 터지면 빨갱이라는 말을 듣고 따가운 시선을 받아야 한다. 끌려가서 린치를 당하는 일은 없지만 온라인 댓글과 오프라인에서의 수군거림은 기실 폭력보다 더 매섭고 아프다. 취업도 어렵고 저임금 3D 업종에도 감사하라고만 한다. 차별과 편견에 대해 입을 열면 곧바로 너희의 조국인 북한으로 돌아가라고 한다. 남한에 입국 후 얼마간은 안도감을 느끼지만 얼마 지나지 않아 대부분의 탈북민은 고통스럽고 힘들어한다.

북한에서 의사로 살다가 한국에 온 탈북민 A가 있다. 북한을 떠나야 했던 피치 못할 그의 이유는, 놀랍게도 '자유'였다. 자신을 자유주의자로 소개하던 그는 한국사회에 어렵지 않게 적응했고 많은 언론은 그를 성공한 탈북민으로 보도했다. 그러나 그는 곧 남한사회가 허용하는 탈북민은 북한을 부정하고 남한을 찬양하는 한 가지 경우뿐이라는 것을 알아차렸다. 그렇다면 탈북자의 위치는 전쟁 포로에 불과했다. 그는 자신이 '나쁜 자본주의의 극단'에 서 있다고 말했다. 한국은 그가 기대했던 사회가 아니었다. 그는 "탈북민은 남한에서 자본주의의 황홀함만 보는데 나는 전혀 황홀하지 않았다"며 초기에 가졌던 기대가 어떻게 절망으로 바뀌었는지 설명했다. 마치 해방을 맞아 남쪽에 온 이명준이 다시 북한으로 돌아가 깨닫고 후회하듯 말이다. 남한의 탈북민 정책에 실망한 그는 제3국행을 선택해 영국으로 떠났다. 이제는 자신을 '조선 사람'으로 소개하는 그는, 한국이 북한의 미래가 되어서는 안 된다고 2015년의 어느 인터뷰에서 주장했다. 그는 과연 한국에서 무엇을 보고 경험했던 것일까.

A와 비슷한 연배의, 6장에서 소개한 탈북민도 북한에선 의사였다. 우연인지는 몰라도 A와 같은 의과대학을 졸업한 그가 탈북하게 된 이유는 아내의 치료를 위해서였다. 간질환과 고혈압 등에 시달리는 아내를 치료하기엔 북한의 의료 환경이 열악했던 것이다. 그는 취업을 위해 포클레인과 지게차 운전면허 등 각종 자격증을

땄다. 그래도 취업이 쉽지 않자 공사판에서 막일을 하며 아내의 치료비와 생활비를 마련했다. 그러다가 청소용역 업체에 취직했으며, 2016년 어느 뜨거운 여름날 안전모도 쓰지 않은 채 빌딩 유리창을 닦다가 13미터 아래로 추락하여 숨졌다.

그가 죽은 후 일기장이 공개되었다. 일기장에는 다음과 같은 문장들이 있었다. "편법이 용납되는 결과주의와 일등주의 세상의 물결에 휩쓸리지 않고 싶다.""사람이 목적이 아닌 수단이 되는 쓸쓸한 이야기도 많이 있지만… 원칙을 지켜 삶도 아름다울 수 있다고 믿으며 살아가고 싶다."그의 가족은 그가 남한사회에서 겪은 차별에 관해 이렇게 말한 적이 있었다고 전했다. "매형은 남한의 직장 동료들에게 차별받는 풍조를 가장 힘들어했습니다."

만약 그가 A처럼 제3국으로 가서 정착했으면 어땠을까. 사람 사는 곳은 어디나 어렵다지만 그래도 목숨만은 부지할 수 있지 않았을까.

작가 최인훈은 1960년에 남북 어디에도 치우치지 않은 채 한반도 분단 현실을 냉철한 시선과 담담한 문체로 소설 『광장』 속에 담아냈다. 대학에 입학하여 처음 이 소설을 읽었을 때 그저 '먼 과거의 이야기'로 생각했지만, 십여 년이 지난 지금은 이 소설이 과거의 이야기만은 아니라는 사실을 깨닫는다. 너무 늦은 깨달음일까. 현재 우리가 목도하고 있는 남북 분단의 흐름과 현실이 1950~1960

년대, 혹은 그 이전보다 나아졌다고 누군들 쉽게 말할 수 있을까.

　한편, 이 소설이 주는 진정한 메시지는 '사랑'이다. 사랑은 이념을 넘어서는 인간의 문제다. 주인공 이명준의 비극이 오늘까지도 현재진행형인 이유는 그와 같은 삶을 살거나 죽음을 맞이하는 이들이 지금도 존재하기 때문이다. 그렇다면 어떻게 해야 할까. 분단이 극복되기까지는 아무것도 할 수 없단 말인가. 나는 그렇게 생각하지 않는다. 이명준이 지향한 내 삶의 밀실과 우리 사회의 광장을 사수하기 위해 지금까지 노력해온 것처럼 더 나은 밀실과 광장을 모두가 함께 만들어가야 한다. 이 또한 분단 극복의 노력이다. 그 광장은 소외되고 차별받는 이방인들도 함께할 수 있는 공유지이어야 하고 그 중심에는 이념을 초월한 사랑이 전제되어야 한다.

14

1960년대 이후: 만경봉호에 오른 북송 재일동포

2010년 남아프리카공화국 월드컵에서 재일동포이면서도 북한 축구 국가대표팀 선수였던 정대세가 눈물을 뚝뚝 흘리는 모습이 생방송으로 전 세계로 퍼져나갔다. 북한과 브라질의 경기 전 북한 국가가 울려 퍼질 때 흘린 눈물이었다. "세계 최고의 팀 브라질을 상대한다는 것이 너무 감격스러웠다"는 정대세의 인터뷰에도 불구하고 다양한 해석과 의견이 분분했다.

한국 국적의 아버지와 조선적°의 어머니를 둔 정대세는 일본에서 태어나 성장한 재일동포 3세이자 재일본조선인총연합회(조총련)가 설립한 민족학교 출신이었다. 무엇보다도 한국 국적을 가진 북한 국가대표팀 선수라는 매우 독특한 꼬리표를 달고 있었다. 당시 정대세의 눈물을 경계인으로 살아온 개인의 눈물이자 민족의 슬픈 눈물이라고 평가한 이들도 있었지만, 다른 한쪽에서는 국가보안법 위반 혐의로 그를 고발하기도 했다. 한국이 아닌 북한을 '조국'으로 선택한 괘씸죄가 작용했을 것이다. 이로 인해 정대세는 한동안

• 조선적(朝鮮籍)은 1945년 해방 이후 일본에 거주하던 재일동포 가운데 한국이나 북한의 국적을 보유하지 않았지만 일본에도 귀화하지 않은 이들에게 부여된 임시 국적이다. 일본 정부는 이들을 법률상 무국적자로 간주한다.

마음고생을 하기도 했다.

사실 정대세에게 주어진 복잡한 타이틀은 남북한 분단사가 만들어낸 가슴 아픈 실체이기도 하다. 일본에게 나라를 빼앗긴 후 많은 조선인들이 일본으로 건너가 살았다. 마침내 일본이 제2차 세계대전에서 패망하고 한반도에는 해방이 찾아왔다. 일본 강점기에는 모두 일본 국적이었던 재일 조선인들은 해방과 함께 조선적이 부여되었다. 남한과 북한 정권이 수립되기 전이므로 조선적은 조선반도 출신자라는 의미밖에 없었다.

1948년 한반도는 남과 북으로 갈라졌고, 1965년 한일기본조약이 체결되면서 일본은 한국을 정식 국가로 인정하였으나 지금까지도 북한을 정식 국가로 인정하지 않는다. 따라서 일본에는 북한 국적이 존재할 수 없다. 재일동포는 '일본적' '한국적' '조선적' 중 하나의 국적을 선택할 수 있는데, 초기에는 많은 이들이 무국적자인 조선적을 선택했다. 이는 한국인도, 북한인도, 일본인도 될 수 없는 경계인의 숙명이기도 했지만, '분단되지 않은 조선'의 구성원으로 남고 싶다는 소망이기도 했다. 조선적은 70년 넘게 그 어디에도 속하지 않는 무국적자로 살며 일본에서 각종 차별과 통제의 대상이 되었다.

정대세는 일본 나고야에서 태어났지만 본적은 경북 의성이다. 경북 의성 출신인 조부를 따라 한국적을 받았다. 그러나 정대세를 키운 건 조총련계 민족학교였다. 일본에는 북한을 지지하는 조총련과 남한을 지지하는 재일본대한민국민단(민단)이 있다. 민단이 운영하는 학교는 일본 전역에 4개에 불과한 데 비해, 조총련이 운영하는 학교는 대학교 1개를 포함하여 70개에 달했다. 민단 계열의 학교가 없던 아이치 현에서 살았던 정대세는 조선인으로서 우리말을 할 줄 알고 역사와 민족정신을 잃지 않게 키우겠다는 어머니의 뜻에 따라 초등학교부터 대학교까지 조총련계 학교를 다녔다. 그리고 자연스레 한국보다 북한에 가까운 정서를 가슴에 안고 성장했다. 무엇보다도 일본에서의 차별과 설움 속에서, 매번 일본에 무릎 꿇던 북한 축구를 보면서 북한 축구 국가대표팀의 일원으로서 꼭 설욕하고 싶다는 생각을 품었다고 한다.

"'조선(북한)은 나를 키워준 나라다. 일본은 내가 태어난 나라다. 한국은 내 국적이자 고향의 나라다'라고 말하는 그의 인터뷰를 보면서 결국 한반도의 분단사에서 민족사와 개인사는 떼어내려야 떼어낼 수 없는 불가분의 관계임을 알 수 있었다. 정대세를 보면서 문득 일본에서 태어나 북한에서 성장하여 살거나 또 어렵게 대한민국 국민이 되었으나 다시 일본에서 사는 것을 선택하는 '특별한 경계인'이 생각났다. 그들은 북송 재일동포들과 북송 재일동포 출신의 탈북민이다.

재일동포 북송사업은 조총련의 주도로 북한과 일본 사이에 체결된 협정에 따라 조총련계 재일동포를 북한으로 송환한 사업을 말한다. 1955년 2월, 북한은 한국전쟁 직후의 노동력 부족 현상을 해소하고 한국과의 체제 경쟁에서 우위를 점하기 위해 재일동포의 송환을 추진했으며, 송환 시 이들의 모든 것을 책임지겠다고 대내외에 천명했다. 북한이 '귀국사업'이라 명명했던 재일동포 북송사업은 일본 정부가 이에 적극 호응하고, 일본 주요 정당의 거물급 인사들이 망라된 재일조선인귀국협력회가 결성되면서 표면화되기 시작했다.

1959년 8월, 일본과 북한은 인도의 콜카타에서 '재일동포 북송에 관한 협정'(콜카타협정)에 정식 조인했다. 그해 12월부터 북송사업이 시작되었다. 1959년 12월에 975명을 태운 제1진이 니가타 항을 출발한 이후, 협정 만료 시한인 1962년 11월까지 7만 7,288명의 재일동포가 북송되었다. 이들 중 94퍼센트가 북한에 연고가 없는 경상도, 제주도, 전라도 등의 남한 출신이었다. 일본인 아내와 자녀 6,839명도 포함되었다. 직군별로는 공사장 인부, 일용직 노동자, 상공업 종사자, 학생 등이 대부분이었다. 북송선 '만경봉호'는 재일동포 북송사업의 대명사가 되었다.

이후 북·일 양측은 협정 연장에 합의했지만, 북한에 먼저 정착한 이들의 어려운 생활이 알려지면서 북송 규모가 급격히 줄어들었다. 협정이 만료된 1962년 이후에도 북송사업은 간헐적으로 지속되다가, 1984년까지 총 186차례에 걸쳐 9만 3,339명이 북한으로 이주했다.

만경봉호는 북한 원산과 일본 니카타 항을 오가던 페리선으로, 평양시 교외에 위치한 만경봉에서 그 이름을 따왔나. 만성봉호는 새일동포 북송사업의 대명사가 되었다.

재일동포 북송사업은 일본 정부가 기본적 인권에 따른 거주지 선택의 자유라는 명목하에 북한과 협력하여 이루어진 것으로 알려져 있다. 그러나 2004년 비밀이 해제되어 공개된 국제적십자사 문서에 따르면, 일본 정부가 재일동포 북송사업에 적극적이었던 이유는 재일 조선인의 범죄율이 높고 빈곤한 가정이 많아 관련 재정 부담을 줄이기 위해서였다. 가난하고 생활 형편이 어려운 사람들을 방출하기 위한 목적이었다는 외교문서도 발견되었다. 무엇보다 당시 일본 정부는 북송 재일동포에게 일본으로 다시 돌아올 수 있는 가능성이 거의 없다는 사실을 숨겼을 뿐만 아니라 적십자를 개입시켜 일본 정부의 정치적 책임을 회피하려고 했다.

　한편, 처음 북송이 시작될 때 남한을 지지하는 민단이 북송선 만경봉호 앞에서 집단적으로 북송 반대 시위를 벌여 남북 대결을 격화시켰다. 또한 당시 한국 정부가 재일동포 북송사업을 저지하기 위해 특수 공작을 실행한 사실도 훗날 밝혀졌다. 진실·화해를 위한 과거사정리위원회(이하 과거사위)가 밝힌 자료에 따르면, 한국 정부는 61명으로 구성된 '재일동포 북송 저지대'를 선발하고 훈련소에서 '파괴반' '설득반' '요인납치반'으로 나눠 훈련시킨 뒤 일본에 파견했다. 이들은 니가타 현과 인접한 도야마 현에 공작 본거지를 설치하고 특수 임무를 수행했다. 정부는 53년이 지난 후에야 당시 공작 과정에서 일부 공작원이 사망한 사실을 공식 확인하고, 특수 임무를 수행했던 생존자와 그 가족들에게 보상금을 지급하기로 결정했다.

한국 정부의 강한 반발에도 불구하고 조총련 주도의 대대적인 북송사업이 성공적으로 실행될 수 있었던 배경은 무엇일까. 생활이 어렵고 사회적 혼란을 가중시키는 조선인들을 방출하려는 일본 정부의 속셈과 맞물려 일본인들로부터 차별과 경멸, 수모를 받았던 동포 사회의 분위기를 조총련이 한껏 활용했다고 볼 수 있다.

남북의 치열한 체제 경쟁 속에서 조총련과 민단도 대립했는데, 조총련이 당시 재일동포의 80퍼센트를 차지할 정도로 수적으로 우세하고 강했다. 군대와 경찰을 빼고는 다 갖춘 '소왕국'으로 불렸던 조총련은 중앙본부와 지방본부에 이르기까지 일본 전역에 촘촘한 지부를 거느렸고 은행과 보험, 무역회사뿐만 아니라 학교와 언론, 출판사 등을 운영하였다. 특히 조총련은 북한과 일본 정부를 연결하는 '일본 내 북한대사관' 역할도 수행하면서 북·일 간의 외교적 접촉을 물밑에서 담당하기도 했다.

북한은 1957년부터 1984년까지 27년간 3,557억 원에 달하는 자금을 조총련에 지원할 정도로 관심이 있었다. 차별과 멸시받는 동포 사회를 대변해주는 곳이 없었던 재일동포들이 조총련으로 몰릴 수밖에 없었던 이유가 있었던 것이다.

그러나 북송을 선택하는 재일동포는 크게 줄어 1984년에는 사실상 끊겼고 이즈음 조총련과 민단의 지위도 역전되었다. 2016년 6월 통일아카데미가 발표한 「북송 재일교포 실태를 통해 본 북한의 인권 현실과 과제」 보고서에 따르면, 재일동포들이 북송을 선택한 계기를 묻는 질문에 조총련의 선전 및 권유 때문이라는 답한 이들이 70퍼센트, 북한의 선전 때문이라고 답한 이들이 35퍼센트, 일본에서 당한 민족적 차별 때문이라고 답한 이들이 25퍼센트였다(복수 응답).

김정은 국무위원장의 생모 고영희*는 1953년에 일본 오사카에서 출생하여 1962년에 부모를 따라 북한으로 들어간 재일동포 출신이다. 일본 육군성의 극비 문서에 따르면, 고영희의 아버지 고경택은 제주도 출신으로 일본 강점기 시절에 일본으로 건너가 군복을 만드는 공장에서 간부로 일했다. 출신 성분이 강조되는 북한에서 남쪽에 뿌리를 둔 것도 문제이지만, 더 큰 문제는 만주에서 항일 투쟁을 선도한 김일성 장군과 맞섰던 일본군의 군복을 만들었다는 점이다. 북한이 김정은의 생모 고영희를 지금까지 공개하지 않는 이유는 김정은 우상화 작업에 고영희 가문의 친일 행각이 걸림돌이 되고 있기 때문으로 보인다. 지금까지 침묵하고 있는 생모와 외가는 수령제의 정통으로 내세우고 있는 '백두혈통'과는 거리가 먼 '후지산줄기'인 것이다.

북한 주민들은 북송 재일동포를 '재포'Japo 혹은 '후지산줄기'라고 호명했다. '재포'는 재일동포의 줄임말로 좋은 의미로 통용되는 용어는 아니었고, '후지산줄기'는 부유한 재일동포를 가리키는 은어였다. 일본에 남아 있는 가족과 친지로부터 송금받은 재포들은

* 고영희는 2004년 유선암으로 사망했다.

유행을 선도하거나 부를 과시하는 집단이 되었다. 하지만 아무리 돈이 많더라도 출신 성분의 한계로 인해 부정적 평가와 홀대를 받았다.

'후지산줄기'가 경제적 부를 상징하는 존재였다면, '백두산줄기'는 북한 권력을 상징하는 세력으로 통했다. '백두산줄기' 혹은 '백두혈통'이라 불리는 이들은 김일성과 함께 항일 투쟁에 참여한 동료의 후손을 말한다. 현재 권력의 핵심인 최룡해 노동당 부위원장도 '백두혈통'이다. 김일성의 정치적 기반이 '백두산줄기'였다면, 김정일의 정치적 기반은 김일성종합대학교 출신들로 구성된 '룡남산줄기'였다. 김일성종합대학교가 룡남산에 있기에 붙여진 은어다. 김정은은 '아미산줄기'에 정치적 기반을 두고 있다. 평양의 아미산은 평양의 용성과 대성, 서성 사이에 있는 해발 156미터의 높지 않은 산이다. 아미산 주변으로 북한의 주요 정부 기관이 자리 잡고 있으며, 권력의 최고위층 세대가 대부분 이 지역에서 태어나 성장하였다.

고영희는 북한으로 건너간 뒤 만수대예술단에서 무용수로 활동하다가 김정일을 만났다. 북송 재일동포들이 가장 두드러지게 진출한 분야는 예술 분야다. 북한의 혁명가극 「피바다」의 주인공을 맡았던 가수 조청미와 조선국립교향악단의 수석지휘자 김병화도 북송 재일동포 출신이다. 북한 언론은 북송 재일동포 중에서 최고인민회의 대의원(한국의 국회의원에 해당)과 '노력영웅'*, 교수 등 수많은

---

*

사회 각 분야에서 노동당을 위해 뛰어난 위훈을 떨친 사람에게 수여하는 칭호.

당·군·정 일꾼들이 배출되었다고 주장했지만, 북송 재일동포는 주로 경제적 기반에 근거해 활동했다. 물론 생활이 빈곤했던 북송자도 적지 않았지만, 상당한 이들은 북한 주민은 꿈도 꿀 수 없었던 고급 식당과 고급 상점을 이용했고, 일본에서 가져온 공장 설비와 부품, 자동차 등으로 높은 이윤을 냈고, 다양한 사업에도 진출했다. 출신 성분은 비루할지라도 자동차를 합법적으로 소유할 수 있는 특권을 가진 계층이기도 했다. 일본에서 차별받던 가엾은 동포라고 생각했던 북한 주민의 시선도 차츰 달라졌다.

북한은 북송자들을 오지를 포함한 북한 전역에 분산 배정하는 정책을 추진했으나, 돈과 물품 등을 앞세워 대도시로 이주한 이들도 많았다. 1980년대까지만 해도 명품을 다루고 외화를 쓰는 사람들 대다수는 북송 재일동포 출신이었고 이들을 통해 확산되는 일본산 제품이 최고 인기를 누렸다.

1990년대에 들어서면서 이들의 위상은 급격히 흔들렸다. 그들에게 돈을 보내주던 일본의 가족과 친척들이 대부분 쇠락하기도 했고, 일본 정부의 대북 제재로 친척과의 교류가 차단되었기 때문이다. 그사이 경제적 부의 상징이던 '후지산줄기'가 몰락하고 '두만강줄기'가 새로운 강자로 등장했다. '두만강줄기'는 '고난의 행군'이 시작되면서 중국으로 탈북한 사람들이 중국에서 돈을 벌어 북한에 있는 가족들에게 보내주게 되면서 생겨났다. 지금은 '한라산줄기'가 급부상했다. '한라산줄기'는 탈북하여 한국에 정착한 가족이 있는 이들을 뜻하는 신조어다. 이들이 북한으로 보내는 돈은 1년에 적게는 1,000만 달러에서 많게는 3,000만 달러에 달한다. 그러나 체제의 핵심 계층인 백두산줄기, 룡남산줄기, 아미산줄기와는 달리, 후지산줄기, 두만강줄기, 한라산줄기는 아직까지도 북한에서는 적대 계층으로 분류된다.

1960년대 북송을 선택한 재일동포는 '지상낙원' 북한으로 향하는 만경봉호에 들뜬 마음으로 올라앉았을 것이다. 그러나 약속은 지켜지지 않았다. 이들은 출신 성분에서 불이익을 받고 체제 부적응자로 낙인이 찍혀 군 입대나 승진에 있어서도 차별적 대우를 받았다. 특히 배급제가 제대로 작동하지 못했던 1990년대를 보내면서 이들의 처지는 순식간에 나락으로 곤두박질쳤다.

나도 북한에 있을 때 북송자의 자녀 가운데 꽃제비로 살다가 죽은 사람들이 꽤 많아지고 있다는 소문을 접했다. 최악의 생활고로 인해 재일동포 출신들도 탈북 대열에 합류했다. 한국으로 입국한 이들도 있고, 제3국을 거쳐 일본으로 입국한 사람들도 있다. 한국으로 입국한 이들 중에도 자신이 태어났거나 혹은 부모의 고향인 일본으로 건너가 정착하는 사람들도 늘고 있다. 2017년 현재 500명에 가까운 북송 재일동포들이 탈북 후 일본에 정착해 있는데, 이들의 정착을 돕고 지원하는 기관이 조총련이 아니라, 재일동포의 북송사업을 저지하려 했던 민단이라는 점은 아이러니하다. 한때 재일동포의 80퍼센트에 해당하는 43만 명의 조선적을 거느렸던 거대 조직 조총련은 2015년에 이르러 소속 조선적이 3만 3,900명에 불과할 정도로 쇠락했다. 반면 민단에 가입된 이들은 45만 7,700명에 달한다.

일본에서 '조센징'으로 불리며 차별과 멸시를 받던 재일동포들은 당시 한국보다 살기 좋다는 북한으로의 이주를 결단했으나 그들이 그토록 보고 싶어 했던 지상낙원은 없었다. 다시 자유를 찾아 한국으로 탈북했지만 이들은 탈북민사회 속에서도 소외되었다. 일부는 다시 일본으로 넘어가 정착과 생계를 도모하고 있다.

정대세의 눈물에서 내가 본 것은 어느 곳에서도 인정받을 수 없었던 경계인의 그림자이자 설움의 눈물이었다. 그 눈물은 한반도의 복잡한 상황에서 조난자로 전락한 이들의 삶을 생각하게 한다. '인민 루니'로 불렸던 정대세는 2013년부터는 한국의 K리그로 이적하여 인공기 대신 태극기를 달고 뛰었다. 그러나 그는 곧 일본 J리그로 이적하면서 다시 '자이니치'로 돌아갔다. 그가 원래의 경계선으로 돌아간 것이다.

15

1960~1970년대 : 이중간첩 이수근

1960년대 인기를 끌었던 가수 남진의 노래 「마음이 고와야 여자지」는 1970년대에 들어와 「이수근의 노래」로 제목과 가사까지 바꾼 채 아이들의 입을 타고 다시 유행 아닌 유행을 이어갔다. "대머리 훌렁 까진 이수근. 새까만 안경과 코밑에 가짜 수염 달고서 홍콩 가는 비행기를 타고 가다 멋지게 꼬리 잡혔네."

'반공 영웅'에서 '이중간첩'으로 전락해 대한민국을 떠들썩하게 했던 이수근 사건은 분단 체제 강화의 서막이었다. 판문점을 통한 극적인 탈출로 귀순 영웅으로 환영받다가 귀순한 지 833일, 2년 3개월 만에 형장의 이슬로 사라진 이수근은 누구인가.

이수근은 1924년 황해도 서흥군 구포면에서 태어났다. 1944년 일본군에 징집되어 중국에서 해방을 맞았다. 북쪽으로 돌아온 후 1946년 9월 노동당에 입당하였고, 지역의 노동신문 기자로 출발하여 「조선중앙통신사」 부사장까지 오르는 등 자수성가의 길을 걸어온 엘리트 언론인이었다. 자유분방한 언론인이자 자존심 강한 지식인으로도 평가된다. 뿐만 아니라 김일성의 수행 기자라는 남다른 이력의 소유자이기도 했다. 이는 그가 한국에서 거물급 귀순자로 대우받는 데 일조하기도 했지만 나중에 이중간첩으로 몰리는 치명적인 약점으로 작용되기도 했다.

1967년 3월 22일, 이수근은 판문점에서 열린 남북군사정전위원회 회의를 취재하던 기자들 속에 있었다. 이수근은 미리 군사정전위 소속의 남측 직원에게 귀순 의사를 내비쳤고 유엔은 승용차와 인원을 대기시켜놓고 있었다. 회의가 끝나자 이수근은 재빨리 대기 중인 차량에 올라탔으나 준비된 차량이 아닌 다른 차량이었고 계획을 알 수 없었던 운전병이 출발할 리 없었다. 이 광경을 지켜보던 북한 기자들이 소리쳤고 북한 경비병들이 움직였으나 가까스로 그의 차량은 40여 발에 달하는 북한 경비병의 사격을 피해 20초 만에 남측 지역으로 탈출했다. "자유가 그리웠소. 김일성은 오늘 밤 분해서 편히 못 잘 것이오." 남측에 무사히 도착한 이수근이 안도하며 내뱉은 첫마디였다.

그는 노동당과 김일성에게 20년 동안 충성을 바쳤지만, 북한군 창건일인 2.8절 행사 때 김일성이 연설한 내용을 기사로 싣지 않았다는 이유로 사상적으로 의심받기 시작했다고 한다. 그로 인해 조만간 숙청될 것이 두려웠다며 귀순 동기를 밝혔다.

한국 정부는 그의 귀순을 대대적으로 환영하고 홍보했으며 최고 위급 귀순자로 대우했다. 서울 장충단공원에서 환영 행사를 열었고 거액의 정착금도 지급했다. 북한에서도 차관급 인사였던 그는 한국에서도 차관급인 중앙정보부(이하 중정) 촉탁 1급으로 특채되었고, 모 대학의 교수와도 결혼했다. 박정희 정권은 이수근의 탈북이 남한 체제의 우월성을 과시할 절대적 호재로 활용하고자 했다. 그러나 그가 귀순한 지 2년도 채 안 된 1969년 1월에 제3국으로 탈출을 시도하면서 호재는 악재로 바뀌고 만다.

이수근은 처조카 배경옥과 돌연 종적을 감췄다. 오태영이라는 이름의 위조 여권에 콧수염과 가발로 변장한 그는 베트남을 경유해 캄보디아 프놈펜으로 가던 중 사이공 공항 기내에서 중정요원들에게 체포되어 곧바로 한국으로 압송되었다. 중정은 그해 2월, 이수근이 북한의 이중간첩이자 위장 귀순 간첩이라고 발표했다. 5월, 법원은 반공법 및 국가보안법 위반으로 이수근과 배경옥에게 사형을 선고했다. 그리고 7월, 그에게 항소 기회조차 주지 않고 1심 재판만 거친 채 속전속결로 사형을 집행했다.

구속 당시 29살이었던 배경옥은 1심에서 사형을 선고받았지만 2심에서는 무기징역으로 감형받았다. 그는 21년을 복역한 후, 1989년 12월 22일에야 세상 밖으로 나올 수 있었다. 배경옥은 2005년 법원에 재심을, 과거사위에 조사를 신청했다. 2006년 과거사위는 '이수근 간첩 사건'을 중정에 의한 간첩 조작 사건으로 판명했고, 2009년 대법원은 재심을 통해 국가가 배경옥과 그 가족들에게 50억의 위자료를 지급할 것을 판결했다.

1967년 3월, 이수근을 태운 차량은 북한군의 사격을 피해 남측 지역으로 무사히 탈출했다(위). 1969년 5월, 이수근은 반공법 및 국가보안법 위반으로 사형을 선고받았다(아래). 2006년 12월, 진실·화해를 위한 과거사정리위원회는 '이수근 간첩 사건'을 중정에 의한 간첩 조작 사건으로 판명했다.

과거사위가 의결한 '이수근 위장 간첩 사건에 대한 결정 요지'에 따르면, 그가 다시 남한을 탈출하게 된 동기는 다음과 같다. 이수근은 자유를 찾아 남쪽으로 왔지만 남한에 도착한 순간부터 감시받고 강요받아야 했던 반쪽 자유인이었다. 당시 그를 관리, 감시했던 중정요원들에 따르면 집, 전화, 승용차 등에 도청 장치를 설치하고 그의 집 맞은편에 감시요원이 상주했다. 의도적인지는 몰라도 그가 쉽게 눈치챌 만큼 서툴게 감시를 했다.

직설적이고 솔직한 성격이었던 이수근은 중정이 써준 대본을 가지고 반공 강연에 동원될 때마다 자주 불만을 토로했고 그로 인해 매를 맞기도 했다. 형식상 차관급 중정요원이었음에도 말단 직원들로부터 지시와 감시를 받는 상황은 그의 자존심을 상하게 했을 것이다. 때때로 감찰 간부가 찾아와 북측과 내통하지 않았냐고 추궁하며 폭력을 행사했으며 심지어 발을 향해 권총을 쏘는 위협을 가했던 것으로 밝혀졌다.

귀순 직후, 그는 중정의 요청으로 수기 집필을 시작했는데 처음엔 본인 스스로도 의욕을 가졌던 작업이었다. 사전 검열을 거쳐 그의 책 『장막을 헤치고』가 출간되었으나, 당시 중앙정보부장이었던 김형욱의 지시에 의해 전량 폐기되었다. 책에는 그가 북한에 있을 때 "공화당과 중앙정보부가 박정희 대통령을 당선시키기 위한 만반의 준비를 하고 있다"는 이야기를 들었다고 기록한 부분이 있는데, 이를 문제 삼은 것이다. 이 일은 그가 표현과 사상의 자유를 인정하지 않는 북한과 남한을 떠나 중립국으로 떠나려는 생각을 굳히게 된 계기가 되었다.

그는 사형 직전 검사에게 다음과 같은 말들을 유언처럼 남겼다고 한다. "북쪽이 싫어서 내려왔는데 남쪽도 자유가 없더군요. 남쪽이 지옥 같은 북한보다 백번 낫지만 남쪽도 틀렸어요." "내가 양심껏 쓴 글도 회수하는 마당에 여기서 할 수 있는 것이 무엇이 있겠습니까." "나는 북쪽과 남쪽 체제를 모두 경험한 사람으로서 중립국에 가서 통일 방안에 대한 글을 쓰려고 했습니다."

결국 그가 탈출을 결심한 이유는, 분단 현실에서 자신은 이용당하거나 희생당할 수밖에 없는 존재라는 것을 깨달았기 때문이다. 제3국으로의 탈출을 통해 진정한 자유를 얻고자 했던 것이다. 그러나 그를 추동했던 자유에의 열망은, 결국 그가 죽어야 했던 이유가 되었다.

형장의 이슬로 사라져간 그는 지금도 말이 없다. 과거사위와 법원의 판결문을 통해 기껏 '이수근은 간첩이 아니다' 정도의 기록만 남게 되었다. '희대의 이중간첩'이라고 그를 몰아세웠던 언론은 그와 관련된 재심 결과를 단신으로만 전할 뿐이었다. 처조카 배경옥은 억울함을 풀었지만, 당사자 이수근은 이미 사망했고 그를 대신하여 재심을 청구할 수 있는 직계친족이 없어 여전히 무거운 멍에를 벗지 못하고 있다. 재심을 청구할 권리조차 없는 것은 그가 대한민국 국민이기 이전에 북한에서 내려온 사람이기 때문이다.

북한에서는 그가 한국에서 사형당한 후, 노동당 간부들을 대상으로 '변절자의 말로'라는 주제로 강연을 진행했다고 한다. 북한을 배신한 변절자 이수근이 남쪽 정권에 의해 실컷 이용당한 후 비참한 '개죽음'을 당했다는 내용의 강연이었다.

"자유가 그리웠소. 김일성은 오늘밤 분해서 편히 못 잘 것이오."
"북쪽이 싫어서 내려왔는데 남쪽도 자유가 없더군요."

극적으로 판문점을 통해 탈북했던 이수근이 안도하며 내뱉은 첫 마디와 그가 죽기 전에 남긴 소회는 정반대였다. 일본군으로 끌려갔던 징병자, 노동당원과 김일성 수행 기자, 북한과 한국의 차관급 인사, 탈북과 탈남 시도…. 파란만장했던 그의 생애는 45세의 젊은 나이에 비극적으로 마감되었다.

16

1980년대: 오길남, 오! 혜원, 규원

몇 년 전 어느 여름날, 나는 한 단체가 주관하는 세미나에 토론자로 참석했다. 조금 일찍 도착하여 준비하고 있는데, 문득 토론장 문 옆에 자리 잡은 노년의 남성에게 눈길이 닿았다. 그의 옆에는 오가는 사람들에게 전단지를 나눠주는 일행이 있었다. 그는 쭈뼛쭈뼛 일행을 돕다가 몸이 불편한지 이내 한쪽 구석에 웅크리고 앉았다. 슬픔에 압도된 얼굴을 가진 남자. 사람의 몸을 가득 채운 슬픔을 눈으로 확인할 수 있다는 것을 그때 처음 알게 되었다.

세미나가 끝나고 사람들이 회의장 밖으로 빠져나가자 그는 엉거주춤 의자에서 일어났다. 그러나 무기력한 모습으로 한동안 서 있기만 했다. 일행 중 한 사람이 그가 재독在獨 학자 출신의 오길남 씨라고 귀띔해주었다. 훗날 그가 쓴 책 『잃어버린 딸들 오! 혜원 규원』을 통해 그의 슬픔의 연원이 무엇인지 알게 되었다.

오길남은 1942년 경상북도 의성군에서 태어나 부산에서 자랐고, 서울대학교 독어독문학과를 졸업했다. 대학 재학 시절 알게 된 독일문화원의 프리드리히 에버트 재단을 통해 독일 튀빙겐 대학교로 유학을 갔고 브레멘 대학교에서 경제학 박사학위를 받았다.

그에게는 아내 신숙자와 딸 혜원과 규원이 있다. 신숙자는 그와 동년배로 경상남도 통영에서 태어나 자랐고, 부산 적십자병원에서 일하던 중 파독 간호사로 독일에 오게 되었다. 튀빙겐 대학교 부속병원에서 근무하던 그녀는, 마치 영화 「국제시장」(2014)에서 파독 광부와 간호사가 파티에서 만나는 장면처럼, 교포사회가 주최한 파티에서 당시 유학 중이던 오길남을 처음 만났다. 둘은 1972년 결혼하였고 두 딸을 낳아 단란한 가정을 꾸렸다.

오길남은 유학생 시절 독일 교민과 결성한 반한反韓 단체인 민주사회건설협의회(민건회)에서 부회장으로 활동하였고, 1980년 독일에 정치적으로 망명한 상태였다. 그들의 가정에 먹구름이 드리워지기 시작한 것은 1985년 즈음이다. 유학 15년 만에 박사학위를 취득했지만 43세의 나이로 취업이 쉽지 않았다. 한국에 들어와 대학교수로 활동하고 싶었지만 민건회 활동 경력이 걸렸다. 설상가상으로 아내가 교통사고를 당해 후유증을 앓았고 급기야 간염까지 걸리는 등 매우 힘거운 상황에 처했다.

이런 상황에서 오길남은 지인으로부터 입북을 권유받는다. 북한 대사관은 아내 신숙자를 위한 최상의 치료 환경과 대학교수 자리를 보장하겠다고 약속했다. 신숙자는 불길한 예감이 들었는지 한사코 입북을 반대했지만 결국 남편의 뜻을 꺾지 못했다.

오길남은 북한대사관 간부에게 "나는 마르크스 경제학 추종자로서 북한도 같은 민족이기 때문에 북한에 가서 일해보겠다"며 입북 의사를 밝혔고, 1985년 12월 그들은 두 딸과 함께 동베를린과 모스크바를 거쳐 북한으로 들어갔다.

평양 근교의 순안비행장에 도착하자마자 오길남은 무언가 잘못되었다는 것을 깨달았다. 아니나 다를까 경제학자로, 대학교수로 일하게 될 것이라는 약속과는 달리 그들은 석 달간 외부와 차단된 채 사상 교육을 받았으며, 곧바로 대남 선전 방송이었던 칠보산연락소의 「구국의 소리」 방송요원으로 근무하게 되었다. 건강을 완전히 회복하지 못한 그의 아내도 대남 방송요원으로 출근해야 했다. 칠보산연락소는 한국의 방송으로 위장하여 대남 심리전 방송을 내보냈다. 이를 위해 남한 말투를 구사하고 남한 사정에 정통한 입북자를 방송요원으로 활용했다.

오길남은 민영훈이라는 가명으로 매일 한국을 비방하는 방송을 녹음하고 이를 송출하였다. 그는 이곳에서 항공승무원으로 일하다 납치된 성경희, 정경숙도 볼 수 있었다. 그들도 방송요원으로 근무하고 있었던 것이다. 뿐만 아니라 한국의 고위 공무원 출신으로 격리된 건물에서 대남 선전물 철자법 교정 일을 15년째 수행하고 있는 유성근과 『신생철학』의 저자인 철학자 윤노빈(북한 이름 정영호), 프랑스 유학 중 월북한 정현룡, 허용식 등을 만날 수 있었다.

입북을 후회하며 더 이상 그곳에서 버틸 수 없다고 생각하던 어느 날, 대남 공작 기관의 책임자로부터 독일의 한국인 유학생 두 명을 입북시키라는 임무를 받았다. 오길남은 집으로 돌아와 아내 신숙자에게 이 사실을 털어놓았고 그녀는 남편에게 탈북을 강권했다. 그들은 북한으로 들어가기 전까지 독일 망명자 신분이었기 때문에, 탈북 후 독일 정부로부터 보호와 송환을 받을 수 있다고 생각했다. 그러나 그것은 순진한 생각이었다. 1986년 11월, 그는 가족을 북한에 두고 공작원 두 명과 함께 유럽으로 나왔다. 호시탐탐 탈출 기회를 엿보던 오길남은 코펜하겐 카스트로트 공항에서 북한 요원들을 따돌리고 탈출에 성공한다. 그러나 그 이후부터 지금까지 30년 넘게 가족을 만나지 못하고 있다.

오길남은 탈출에 성공한 후 5년간 독일에 머물면서 북한에 있는 가족을 송환받기 위해 백방으로 뛰어다녔다. 1987년 10월과 1988년 10월, 두 차례에 걸쳐 아내로부터 편지를 받기도 했다. 1991년 1월에는 재독 음악가 윤이상으로부터 아내의 육성이 들어 있는 녹음테이프와 가족사진을 전달받았다. 더 이상 가족 송환이 이루어질 가능성은 없다고 판단한 그는 1992년 5월 한국에 입국하였다. 이후 그는 북한연구소와 통일정책연구소, 국가안보통일연구소(현재의 국가안보전략연구원) 등에서 연구원으로 근무하면서 유엔인권위원회, 국제사면위원회 등에 가족 송환을 위한 탄원 활동을 계속해왔다. 2012년 3월, 북한 정부는 그에게 공식 답변을 보내왔다.

첫째, 오 씨의 전처인 신숙자 씨는 1980년대부터 앓아오던 간염으로 사망했다. 둘째, 오 씨가 가족을 버렸고 또 두 딸들(혜원, 규원)의 어머니를 죽음으로 내몰았기 때문에 신 씨의 두 딸들은 오 씨를 그들의 아버지로 여기지 않는다. 그들은 오 씨를 상대하는 것을 강력히 거부했으며 더 이상 그들을 괴롭히지 말 것을 요청했다. 나는 당신의 편지에서 언급된 건이 임의적 구금과는 아무런 관련이 없다고 분명히 말하고 싶다.

_리장곤 차석공사

오길남은 이 서한의 내용을 수용할 수 없다는 입장을 재차 밝혔다. 그가 탈출한 후 북에 남아 있던 신숙자와 두 딸은 함경남도 요덕의 정치범 수용소에서 생활했다는 다른 탈북민의 증언이 전해지기도 했다. 최근 한 대북 인권단체가 확인한 바에 따르면, 신숙자는 사망했고 두 딸은 수용소에서 나와 결혼한 후 평양시에서 살고 있다고 한다.

오길남의 불행한 가족사는, 그가 한국으로 귀환했던 1992년, 그리고 재독학자 송두율이 입국했던 2003년 한국사회에 큰 화제가 되었다. 2011년 통영에서는 「그런데 통영의 딸이 그곳에 있습니다」라는 제목의 사진전을 통해 '통영의 딸 신숙자 구출 운동'이 전개되기도 했다.

2017년 7월, 문재인 대통령과 함께 독일을 찾은 김정숙 여사는 첫 일정으로 독일에 있는 윤이상 묘소에 통영에서 공수해온 동백

나무를 심었다. 통영은 윤이상의 고향이기도 했다. 이를 계기로 다시 '통영의 딸' 논란이 부각되기 시작했다. 게다가 노규엽 감독이 제작 중이던 영화「사선에서」가 박근혜 정부로부터 불법적으로 제작비를 지원받은 '화이트리스트' 영화라는 의혹이 제기되었는데, 마침 이 영화의 내용이 '통영의 딸' 사건을 다루고 있어 논란이 되었다.

가족과 상봉하여 함께 살고 싶었던 오길남의 소원은 여전히 요원하다. 가족과 헤어진 지 30년이 넘는 세월이 흘렀고, 그는 은퇴 후 서울 성북구의 한 아파트에서 홀로 쓸쓸히 살고 있다.

17

/

1990년대: 황장엽, 비운의 망명객

1990년대가 시작되면서 냉전 체제가 종식되는 급격한 변화가 펼쳐졌다. 1990년 독일이 통일되었고 한국은 소련과 수교했다. 1991년 사회주의의 종주국이었던 소련이 해체되었다. 1992년 한국은 중국과도 수교했다.

북한은 국제적으로 고립되었고, '100년에 한 번 올까 말까 한' 자연재해가 북한 전역을 휩쓸었다. '고난의 행군'이 이때부터 시작되었다. 엘리트들은 경직되었고 주민들은 불안에 떨었다. 북한은 사상과 신념을 더욱 강조하기 시작했다.

1980년대에 북한에서 태어난 나는 사실상 사회주의 체제의 마지막 경험자라고 생각한다. 군부대 지역에서 태어난 나는 정상적으로 운용되던 배급 제도 속에서 성장했다. 기존 배급뿐만 아니라 군인들은 별도의 농작물을 분배받았으며 각자의 집 텃밭에서 적지 않은 작물도 자체적으로 생산해냈다. 여름이면 석탄을, 겨울이면 월동나무를, 때가 되면 김장 배추와 명태를 공급받았다.

게다가 인근 농장에서 간부로 있었던 친척들 덕분에 과일과 채소 등도 부족함이 없었다. 다만 분배받은 작물들을 정리하고 텃밭을 가꾸고 가축을 돌보며 장작까지 패야 해서 어린 시절 불만이 많았다. 소련 혹은 중국 영화가 상영되는 주말을 기다리는 즐거움도 있었고 전력 사정도 심각하지 않았다.

그러나 1990년대에 들어서면서 상황은 급격히 척박해졌다. 군인 가정이어서 배급은 정상적으로 이루어졌으나 그 밖의 부식물은 줄어들었다. 매해 공급받던 월동용 나무는 그대로였지만, 대신 산에서 나무를 벌목하는 군인들을 위해 각 세대가 음식이나 간식을 준비해야 했는데 그 양이 만만치 않았다. 시내에는 사람들이 굶어 죽는 다는 소문이 돌았고 실제로 부모를 잃고 꽃제비가 된 아이들이 군부대가 있는 군인 사택으로 몰려들었다. 당에서 지시가 내려와 우리 집도 부모를 잃은 고아 두 명을 맡아 함께 지냈다.

어느 날 부대에 나가 있는 부모님을 대신해 친척 한 분이 우리 집에 와서 명절 음식을 준비한 적이 있었다. 나는 유별나게도 어려서부터 고기를 먹지 않았다. 목구멍으로 넘기지 못했다고 해야 옳은 표현일 것이다. 그것을 잘 몰랐던 친척 분이 고깃국과 함께 밥상을 차렸고 꾸지람을 듣기 싫었던 나는 몰래 고깃국을 당시 기르던 개 밥그릇에 쏟았다. 마침 지나던 사람들이 개 밥그릇을 보고 당에 알렸고, 부모님은 '많은 사람들이 시련을 겪고 있는데 사람도 제대로 먹지 못하는 고기를 개에게 주었다'는 잘못으로 비판 무대에 서야 했다. 그로 인해 큰 추궁을 듣진 않았지만 나 때문에 비판 무대에 나란히 서야 했던 부모님을 생각하면 지금도 마음이 아리다.

그 시절 공기는 그만큼 음산했다. 극심한 경제난으로 인해 상상하지 못했던 여러 참사들을 경험하면서 군에 입대했다. 그해 마지막 날, 남한이 보이는 훈련소의 검문소에서 보초를 섰다. 검문소 옆에는 설날 군인 가족들에게 공급할 돼지고기가 쌓여 있었고, 동료는 망을 보고 나는 총검으로 꽁꽁 언 돼지고기를 조금씩 뜯어냈다. 언 고기를 날것으로 입안에 넣었는데 태어나 먹어본 음식 중에 제일 맛있었다.

밤이 깊어 새해가 밝아올 즈음, 남쪽에서 뿌린 '삐라'가 공중으로 흘러들어왔다. 여러 형태의 전단지 중 사진 하나로 가득 찬 전단지가 있었는데, 희미한 불빛에도 큼직하게 쓴 글자가 눈에 띄었다. "로동당 국제담당비서 황장엽." 이렇게 높은 사람도 귀순할까 싶어 반신반의했다.

훈련소를 나와 비무장지대에서 근무하던 어느 날, 옆에서 어슬렁거리던 말년의 상급자가 정오부터 시작된 대북 방송에 귀를 기울이더니 한마디 툭 던졌다. "너 저 남조선 방송에서 나오는 황장엽이 주체사상을 만든 장본인인 거 알아?" 황장엽이 주체사상을 만든 장본인이라는 사실보다 그런 말을 비무장지대에서 할 수 있는 군인이 있다는 사실에 더 놀랐다. 오만 가지 생각이 교차했다.

2000년대가 시작되고 몇 년 후 나는 비무장지대를 가로질러 한국으로 넘어왔다. 대학을 다니던 어느 날 탈북자동지회* 실무자가 황장엽을 만날 생각이 있냐고 물어왔다. 비무장지대의 그 '불량한 상급자'가 떠올랐다. 탈북자동지회 사무실에서 황장엽을 처음 봤을 땐 인사만 하고 돌아섰다. 며칠 후 다시 연락이 왔다. 그가 나를 공부모임에 참석시키라고 했다는 것이다.

당시 황장엽은 탈북민으로 구성된 공부모임과 남쪽 출신들로 구성된 공부모임을 동시에 운영했는데 한 달에 두 번씩 그곳에 나가 공부했다. 그러나 점점 빠지는 횟수가 많아졌다. 대학 수업도 따라가야 하고 아르바이트도 해야 하는 등 시간적 여유도 없기도 했지만, 철학적이고 투쟁적인 내용이 도무지 내 머리에 들어오지 않아서였다. 다만 북한 문제를 해결하기 위해서는 북한이 중국식 개혁개방을 추진해야 한다며 중국의 지대한 역할을 강조하고, 주체사상을 수령제의 도구로 왜곡하고 이용한 평양 최고 권력의 문제점을 비판하던 그의 모습이 기억에 오래도록 남았다.

공부모임은 그만뒀지만 다른 장소에서 황장엽을 종종 만났다. 그는 한국전쟁 전에 월남한, 고향과 연배가 같은 어떤 분과 교류했는데, 내가 그 집에 자주 들렀던 탓에 만나게 된 것이다. 공부모임을 그만둔 것에 대해서는 별다른 말씀이 없었고 대신 음식점이나 공기 좋은 곳으로 함께 다니곤 했다. 오래 알고 지냈지만 북한 민주화를 위해 활동하라거나 자신의 공부모임에 참석하라는 등의 주문은 한 번도 없었다. 다만 내가 대학원 공부를 시작할 때 봉투에

*
황장엽이 설립한 탈북민단체.

돈을 넣어 챙겨줄 정도로 그는 기뻐했다.

그가 숨을 거두기 몇 달 전, 한 모임에 나갔다가 그를 다시 만났다. 내가 위가 안 좋아서 고생하는 것을 알고는 만날 때마다 잊지 않고 내 안부를 챙겨 묻고는 했는데, 그날도 모임이 끝나고 참석자들과 일일이 악수하던 그가 손끝으로 내 몸을 가리켰다. 괜찮냐는 뜻일 텐데 괜찮다고 대답하기엔 너무나 뻔하고 식상한 대답 같아서 "든든하다"라고 말했다. 며칠 후 운전 중에 라디오를 통해 그가 사망했다는 속보를 들었다.

황장엽은 1923년 평양직할시 강동군에서 태어났다. 평양상고를 졸업하고 일본으로 건너가 주오 대학교에서 법학을 전공하였으나 일제가 패망하면서 학업을 마치지 못한 채 고향으로 돌아왔다. 1946년 노동당에 입당했고 같은 해 김일성종합대학교에 입학했다. 1949년 소련 모스크바 국립대학교로 유학했으며 그곳에서 마르크스-레닌주의를 비롯한 공산주의 이론을 연구하여 박사학위를 취득했다. 한국전쟁 직후인 1953년에 귀국한 그는 김일성종합대학교 교수로 활동하며 탄탄대로의 출세가도를 달렸다. 1959년에는 33살의 젊은 나이에 노동당 선전선동부 부부장과 북한사회과학연구기관인 사회과학원 위원이, 1965년에는 김일성종합대학교 총장이 되었다.

황장엽은 김일성 유일사상체계 확립에 관여하고 주체사상을 이

론적으로 체계화하고 집대성한 것으로 알려졌다. 김일성의 후계자로 지명된 김정일의 개인교사를 맡기도 했다. 1970년 노동당 5차 대회에서 당 중앙위원으로 선출되었고, 1972년부터 최고인민회의 의장, 조국평화통일위원회 부위원장, 조선사회과학자협회 회장 등을 역임했다. 귀순 당시 그의 직책은 노동당 국제담당비서와 최고 인민회의 외교위원장이었다.

그는 북한의 최고지도자 다음으로 권위 있는 권력자로 통했다. 서열상으로는 권력 서열 10~20위권을 오갔지만, 김일성의 조카사위이자 김정일의 스승으로서 김일성 부자의 신임이 매우 두터웠다. 무엇보다 북한 체제의 근간인 주체사상을 정립한 최고 이론가였다. 백두산에서 김정일이 태어났다는 출생설을 만드는 등 김정일의 우상화 작업을 주도하기도 했다.

이 같은 북한의 최고 권력자가 대한민국으로 망명할 것이라고 예상한 이는 아무도 없었다. 황장엽은 1994년 김일성이 사망한 후에도 줄곧 권력의 핵심부에 있었으나, 1997년 주체사상 설파를 위해 일본을 방문한 후 중국에 가서 북경의 한국총영사관을 통해 망명 신청을 했다. 세계가 지켜봤고 남북 모두가 충격에 빠졌다.

북한은 강력히 반발했다. 소련이 해체되고 김일성이 사망하고 국제적으로도 고립되고 있던 북한은 사상과 신념을 강조하며 버티고 있었는데, 주체사상의 입안자가 망명하는 초유의 사태로 '멘붕'에 빠져든 것이다. 북한은 황장엽의 망명을 전혀 예측하거나 믿지 못했으며, 남한 정부에 의해 납치된 것이라고 주장했다. 황장엽이 북경의 한국총영사관에 머물 때, 북한은 보위부와 정찰국 요원 수백 명을 중국으로 급파하여 영사관을 포위했고, 중국도 무장경찰 천여 명을 투입해 북한 요원들을 포위하는 일촉즉발의 상황이 벌어졌다.

평양은 '시신이라도 데려오라'며 전쟁도 불사하겠다고 경고했다. 그러나 중국 정부가 평양에 그의 망명 사실을 최종 확인해주면서 망명 신청 2개월 만에 그는 필리핀을 거쳐 한국으로 입국할 수 있었다. 이후 북한은 그를 혁명의 배신자, 변절자, 쓰레기로 몰아갔고, '붉은기사상'*을 새로운 통치 담론의 기조로 정립했다.

황장엽은 회고록에서 자신의 망명 이유를 "북한의 체제에 의분을 느껴 그 변혁을 도모하기 위해서"라고 밝혔다. 그러나 그와 함께 망명했던 김덕홍 전 북한 여광무역 사장의 주장은 조금 다르다. '망명 동지'였던 황장엽과 김덕홍은 귀순 직후부터 갈등을 겪다 결별했고 마지막까지 화해하지 못했다. 김덕홍은 자신의 회고록에서 황장엽의 망명은 말실수에서 시작되었다고 주장했다. 그에 따르면 1996년 2월 모스크바에서 개최된 주체사상 국제 토론회에 참석했던 황장엽이 연설 도중에 북한의 주체사상은 김일성·김정일이 만든 것이 아니라 자신이 만든 것이라고 했고, 이를 보고받은 평양이 격분했다는 것이다. 자신이 주체사상의 창사자임을 은연중 내세우다가 그만 최고 권력의 표적이 된 것이다. 위협을 느낀 황장엽이

---

* 붉은기사상이란 준엄한 혁명의 길에서는 변절자도 있었고 낙오자도 있겠지만, 혁명의 붉은 깃발은 끝까지 사수하겠다는 의미로, 북한식 사회주의 체제를 강력히 지켜내겠다는 것을 재차 천명한 것이다. 이때부터 주체사상보다는 선군사상이 강조되기 시작했다.

"김정일이 나를 욕보이기 전에 자살할 수 있게 독약을 구해 달라"고 김덕홍에게 부탁했고, 이에 김덕홍이 황장엽을 설득하여 한국으로 망명하게 되었다는 것이다. 그러나 분명한 것은 그가 아내와 자녀들을 북에 남겨두고 망명한 까닭에, 처절한 고통 속에서 13년을 보냈고 가족의 생사도 제대로 알지 못한 채 유명을 달리했다는 점이다.

황장엽은 한국에 온 후 북한 민주화 운동의 대부로, 학자에서 반북 활동가로 변모했다. 『나는 역사의 진리를 보았다』를 비롯한 20권의 책을 집필하는 등 왕성한 저술 활동과 함께 반북 시민단체와 탈북민을 통한 북한 민주화 운동을 전개해나갔지만 별다른 성과를 거두지는 못했다는 것이 대체적인 평가다. 국정원 통일정책연구소 이사장, 탈북자동지회 고문, 북한민주화위원회 위원장, 민주주의 정치철학연구소 이사장 등을 맡아 북한 체제 비판에 앞장섰지만, 74세의 고령으로 귀순한데다가 한국에는 그의 활동을 불편해하는 이들도 존재했다. 북한의 괴뢰정권을 붕괴시켜야 한다는 진영에서는 박수를 보냈고, 북한과의 관계 개선을 통해 변화를 유도해야 한다는 진영에서는 못마땅해했다. 탈북민사회에서도 주체사상을 만들어 북한 주민들을 고통스럽게 한 주역이라고 비판하는 이들과 그를 북한 민주화 운동의 정신적 지주로 추앙하는 이들로 갈린다.

북한은 그를 공적公敵 1호로 지목하며 끊임없는 협박과 위협을 가해왔다. 손도끼와 협박 편지가 함께 배달되고, 그를 표적으로 삼은 살인청부업자가 고용되기도 했으며, 그를 살해하기 위해 남파된 두 명의 공작원이 체포되기도 했다.

북한에서 74년, 한국에서 13년의 파란만장한 삶을 보냈던 황장엽은 2010년 10월 10일 논현동 자택 욕실에서 생을 마감했다. 마침 그날은 북한의 노동당 창건 65주년이 되는 날로, 북한은 성대한 기념식을 통해 김정은의 세습을 생중계로 대내외에 공식 천명했다. 북한의 최고 권력 세습 문제를 날카롭게 비판했던 그가, 그 세습이 공식화되는 날에 숨을 거둔 것은 역사의 아이러니다. 북한은 "배신자의 운명"이라는 제목의 논평을 내고, 그의 죽음을 두고 "하늘이 내린 저주" "비참한 최후"라고 독설을 퍼붓고 조롱했다. 한국 정부는 그에게 무궁화장을 추서했고 국가보훈처는 고인을 현충원에 안장하기로 의결했다. 그러나 주체사상을 창안하여 분단 체제를 공고히 한 그를 국립묘지에 안장하는 것을 비판하는 이들로 한국사회는 한동안 소란했다.

그의 장례가 치러지던 현대아산병원 장례식장에서 나는 꼬박 이틀을 보냈다. 그와의 인연이 특별해서라기보다는 가족이 없이 떠나는 이가 있다면 누구든 그 옆에 함께 있어줘야 한다는 평소의 생각 때문이었다. 고인을 둘러싼 이념 논쟁과 색깔론은 영결식 날까지 계속되었다. 그가 현충원의 국립묘지로 안장되는 날 아침, 홀로 택시를 탔다. 얘기하지도 않았는데 택시 기사가 황장엽의 장례식장에서 온 거냐고 물었다. 그렇다고 짧게 대답한 후 뒷좌석에서

잠이 들었다. 그가 어떤 일을 했고 어떤 길을 걸었는지에 대해서는
훗날 역사가 평가할 것이다. 그때까지 우리의 판단은 잠시 유보하
는 것이 어떨까.

사랑하는 사람들은 어떻게 하고 가나
걸머지고 걸어온 보따리는 누구에게 맡기고 가나
정든 산천과 갈라진 겨레는
또 어떻게 하고

_ 황장엽이 사망한 후 공개된 유작 시 중에서

18

2000년대: 탈북과 재입북 사이의 조난자들

2017년 7월 북한은 조국평화통일위원회 산하 인터넷 매체인 「우리 민족끼리」를 통해 재입북한 임지현(본명 전혜성)을 공개했다. 그 옆에 는 2009년에 탈북해 한국에서 살다가 2015년에 재입북한 김만복이 배석해 그녀의 주장을 거들고 있었다.

평안남도 안주 출신인 임지현은 19세의 나이에 홀로 탈북해 중 국에서 살다가 2014년 1월에 한국에 정착했고, 2017년 4월에 탈남하 여, 그해 6월에 재입북했다. 그녀는 27분 50초 분량의 동영상을 통해 다음과 같이 재입북의 이유를 밝혔다. "돈을 벌고자 남조선에 갔지 만 남조선 생활은 차별과 멸시 속에서 하루하루가 지옥 같았다. 술 집 등 유흥업소를 떠돌아다녔지만 육체적·정신적 고통만 따랐고, 북에 있는 가족 생각에 하루하루 피눈물을 흘렸다."

나는 그녀에 관한 뉴스를 접할 때까지만 해도 그다지 놀라지 않 았다. 그동안 한국사회와 언론이 주목하지 않았을 뿐, 김정은 정권 이 들어선 후 기자회견 등의 형식으로 북한에서 공개한 탈남 재입북자만 26명에 달했기 때문이다. 물론 김정은 정권 이전에도 여러 재입북 사례가 있었으며, 비공개된 재입북자까지 감안하면 150여 명에 달한다는 분석도 회자되었다.

그런데 유독 임지현에 대한 한국사회의 관심과 언론 보도는 기상천외할 정도로 뜨거웠다. 임지현의 재입북 사건이 일파만파 확산된 배경에는 그녀가 한국의 종편 탈북민 프로그램에 출연했던 방송인이라는 이유도 있었다.[*] 그녀는 재입북 후 자신이 출연했던 방송 프로그램을 맹비난했고, 이에 대해 여러 종편이 적극 대응하면서 논란이 가중되었던 것이다.

수많은 언론은 임지현의 주장에 대해 일언반구도 없이 북한 공작원설과 북한의 유인납치설을 퍼뜨리며, 그녀의 사생활을 파헤쳤다. 그녀가 중국과 한국의 유흥업소 출신으로 위장한 간첩이라거나, 혹은 탈북 방송인을 타깃으로 한 북한의 공작에 걸려들었다는 주장이었다. 그러나 공안 당국이 그녀의 재입북은 고향을 그리워한 본인의 자유의지에 의한 것이라는 조사 결과를 발표하면서 세간의 관심은 사그라들었다. 이 과정에서 늘 그렇듯 종편은 시청률을 얻었고 그 상처는 고스란히 탈북민사회의 몫으로 남았다. 탈북민에 대한 혐오와 비난, 냉소와 차가움이 후폭풍으로 들이닥쳤고, 탈북민은 숨죽인 채 이 시간이 속히 지나가기를 바랐다.

임지현 재입북 사건에 대한 한국사회의 다양한 반응 속에는 분단 체제하에서 남과 북의 극단을 오가야 했던 이들을 배태해내는

---

[*] 임지현은 「TV조선」의 「모란봉 클럽」 「애정통일 남남북녀」 등에 출연했다.

근본적인 문제에 대한 질문은 존재하지 않았다. 제일 기이했던 것은 평소 탈북민 문제의 전문가로 자처하던 수많은 이들이 침묵했다는 것이다. 탈북민을 담당하는 부처는 재입북 문제가 '외부 요인에 의한 비자발적 선택', 즉 탈북민의 취약점을 악용한 북한의 악의적 행보에서 연유한다고 인식하는 기존 입장 때문인지, 이번 사건에 대해서 즉각적이고 적극적인 대응을 피했다.

한국의 일반 시민들이 진실의 실체에 다가서거나 사건을 객관적으로 판단하기는 쉽지 않다. 3만 5,000개의 편의점은 매일 마주하거나 이용할 수 있지만, 우리 사회에서 살고 있는 3만 1,000명의 탈북민은 쉬이 발견되지 않는다. 대부분의 시민들은 자극적이고 선정적인 종편 방송이나 언론 매체를 통해서만 탈북민을 만날 수 있다. 특별한 목적에 의해 취사선택된 탈북민의 이미지와 정보로는 탈북민의 실체에 다가갈 수 없다. 임지현 사건 이후 표면화된 탈북민을 향한 혐오와 냉소는 이미 오래전부터 예고된 것으로, 이를 일회적이고 개인적인 사건으로만 치부할 수 없는 맥락이 있다.

A는 탈북민 중 2000년 이후 재입북한 첫 번째 사례다. 그는 1988년 탈북하여 한국에 왔고, 2000년에 재입북한 후, 2001년에 다시 탈북하여 한국에 왔다. 재입북했다가 다시 한국에 돌아온 이는 누구를 막론하고 국가보안법 위반으로 실형을 살아야 한다. 그는 한국으로 돌아온 후, 다시 북한으로 송환해 달라고 광화문에서 1인 시

위를 하다가 정신병원에 입원했고, 2017년 8월 정신병원을 탈출하여 월북을 준비하다가 탈출 78일 만에 경찰에 체포되었다.

B는 1996년 예성강을 헤엄쳐 탈북했다. 금융기관에 취직해 순탄한 삶을 살다가, 2004년에 퇴직금과 적금했던 돈을 챙겨 재입북했다. 북한은 그에게 가족과 함께 살 수 있는 집과 직업을 제공했다. 그가 다시 탈북할 것을 막기 위한 조치일 것이다. C는 1995년 탈북한 후 2000년에 재입북했다. 재입북 후 북한의 고급 휴양시설 지배인으로 일하다가 중국 출장길에 재탈북하여 지금은 한국에 와 있다.

김정은 정권이 들어선 이후 2017년 12월까지 공개된 재입북자 26명 중 다시 탈북하여 한국으로 돌아온 이들은 5명이다. 재입북을 시도하다 검거된 사례도 있다. '탈북 → 입국 → 재입북 → 재탈북…'의 경로는 무엇을 의미하는 것일까. 마치 마약처럼 결코 포기할 수 없는 자유를 향한 열망 때문이 아닐까.

재입북을 결심하면 막을 방법은 사실상 없어 보인다. 탈북민의 탈남은 흔한 일이 되었고, 이들의 재입북 현상도 이제는 공공연한 비밀이 되어버렸다. 탈북한 후 한국으로 오기까지는 매우 험난한 과정을 거쳐야 한다. 우선 이동이 철저히 제한되어 있는 북한의 국경을 넘어야 한다. 그다음 브로커가 제공하는 루트로, 제3국을 거쳐 한국에 와야 한다. 목숨을 걸어야만 가능한 과정이다.

반면 한국의 국민으로 인정받은 이후에는 여권만 있으면 언제든지 해외로 나갈 수 있다. 북한으로 가는 것도 그리 어렵지 않다. 지금까지 재입북한 사람들의 루트를 보면 크게 세 가지인데, 첫 번째는 휴전선이나 바다를 건너 들어가는 경우다. 극소수가 선택하는 매우 위험한 방식으로 실패 사례도 적지 않다.

두 번째는 중국이나 러시아로 출국한 뒤 두만강이나 압록강을 통해 들어가는 경우다. 재입북자들 다수가 선택하는 루트다. 북한 당국에 자신이 한국에서 정착했던 탈북민이라는 사실을 공식적으로 밝히고 들어가는 이들과 그렇지 않은 이들로 나뉜다.

세 번째는 중국을 비롯한 해외의 북한대사관이나 북한영사관을 통해 재입북하는 방법이다. 2009년에 남한에 정착했던 D 부부와 E는 북한대사관을 찾아가 재입북 의사를 밝힌 후 비행기를 타고 북한으로 돌아갔다.

최근에는 공개적으로 자신을 북한으로 송환할 것을 요청하는 탈북민도 생겨나고 있다. 2002년 탈북한 F는 한국에 정착한 지 11년 만인 2013년부터 재입북을 공개적으로 선언하였고, 자신처럼 북한으로 돌아가려는 탈북민이 수십 명 있다고 주장했다. 그가 오랫동안 탈북민단체의 리더로 활동해온 것과 간경화 말기 환자로 투병하고 있는 딱한 사정이 알려지면서, 그는 탈북민의 우울한 초상으로 조명되기도 했다. 국내 언론과는 달리 오히려 외신들이 북한으로 자신을 송환할 것을 요청하는 탈북민을 적극 보도하고 있다.

탈북민으로서 한국사회에서 당한 온갖 수모와 차별, 빈민으로 전락하여 생존 자체가 위태로운 상황, 가족과 고향에 대한 그리움,

북한의 회유와 공작 등이 재입북의 직접적인 원인일 것이다. 이들이 처음 한국사회에 정착하며 죽고 싶었을 만큼 힘들었을 때 한국사회의 어느 누구라도 그들의 손을 잡아주었다면, 그들이 이처럼 극단적인 선택에는 이르지 않았을지도 모른다.

임지현 사태 이후 경찰청은 재입북을 예방하기 위해 한국에서 행방이 묘연한 탈북민의 소재 파악에 나섰는데, 주민등록상 거주 불명의 탈북민은 900명에 달하는 것으로 밝혀졌다. 이것도 어디까지나 확인된 숫자만 반영한 것이다. 상당수의 탈북민이 한국을 떠난 것은 이미 알려진 사실이다. 유엔난민기구UNHCR가 2017년 6월에 발표한 「연간 글로벌 동향 보고서」에 의하면, 외국에서 난민으로 인정받은 탈북민이 1,422명, 난민 지위를 받으려고 신청 대기 중인 탈북민이 533명에 달한다. 정부가 파악하고 있는 통계와 이처럼 차이가 나는 이유는 탈남하는 이들이 난민 심사에서 탈락해 강제 추방되거나 해외 정착에 실패할 것을 대비해 임대아파트 등은 정리하지 않고 떠난 경우가 많기 때문이다.

2000년대부터 탈북민사회에서는 '탈남 바람'이 불기 시작했다. 한동안 해외의 난민 심사에서 한국 국적을 가진 탈북민의 추방 조치가 강화되자 탈남 바람이 주춤하기도 했지만, 최근 캐나다와 영국처럼 한국 국적의 탈북민도 신변의 위험과 위협 등의 상당한 이유가 있다면 난민과 이민 신청을 받아들이는 경우가 늘고 있다.

목숨 걸고 경계선을 넘어 한국에 왔으나 극심한 빈곤을 겪고 다시 한국을 떠나려는 사람들, 다시 목숨을 걸고 북한으로 돌아가려는 사람들, 한국도 북한도 마땅치 않아 다른 나라에 난민 신청을 하는 사람들⋯. 과연 그들은 자유와 존엄의 땅에 닿을 수 있을까.

나는 이곳에서 지금까지 살아오면서 많은 것들을 겪었다. 아프고 힘들었던 경험도 재산이라고 스스로 위로로 삼았다. 인내하며 얻어낸 여러 성취의 결과에도 감사하고 있다. 그러나 탈북민에 대한 한국사회의 일그러진 민낯 앞에서 나는 여전히 절망하고 좌절한다. 대학교수로 일하는 나조차도 보통의 시민들을 제대로 마주 보거나 말을 건네기가 조심스럽다. 나도 이러한데 한국에 온 지 얼마 안 된 탈북민이나 사회적 지위가 빈한한 이들은 얼마나 힘들까.

결국 우려하는 일들이 내 주변에서 끊임없이 일어난다. 탈북민 친구 하나는 가전제품 회사의 서비스센터 부서 팀장으로 일하고 있다. 그도 팀장으로 일하고 있지만 다른 부서의 팀장으로부터, 그리고 상급자로부터 "김정은에게서 그렇게 배웠냐"는 밑도 끝도 없는 조롱을 받는다. 또 다른 친구 하나는 실력을 인정받는 주방장이다. 그러나 같은 식당에서 일하는 동료에게서 북한 간첩이 음식에 독을 타는 사례가 있냐는 예상치 못한 질문을 받는다. 아무런 근거 없이 시비를 거는 손님들도 끊이지 않는다.

어느 날 학회에 참가한 나는 평소 존경하는 분으로부터 그동안 보이지 않아 북한으로 다시 떠난 줄 알았다는 농담을 들었다. 나는 웃고 있었지만 눈앞에 들이닥친 여러 환영들로 인해 마땅히 응대할 말을 찾을 수 없었다. 우리는 함께 멀리 온 것 같았지만 사실 항상 그 자리에서만 맴돌고 있었다.

맺는말

대부분의 국민들이 통일을 말하지만 이를 준비하려는 사람은 드물다. '먼저 온 통일'이라 했던 탈북민이 3만 명을 넘어섰지만 그들과 함께하려는 노력은 여전히 가물다. 탈북민에 대한 무관심만큼이나 통일 이후에 대한 고민도 극히 적다. 어떤 경우의 통일이든 남북한은 상생과 통합 과정을 거쳐 통일에 이르러야 한다는 점에서, 그 경로로의 예행연습은 매우 중요하고도 유용한 의미를 지닌다. 명토 박아 거듭 말하자면, 탈북민은 '먼저 온 통일'이다.

국내 입국한 탈북자가 2만 명을 넘어서고 '도둑통일론'*이 솔솔 흘러나오던 수년 전 나는 탈북민이 주도하여 야심차게 발족한 '통일축구단'의 일원으로 초대되었다. 마침 통일에 대한 학위논문을 준비하고 있을 때라 기대도 컸다. 구성원도 남북 출신 동수로 출발했고 사회적 지지와 관심도 듬뿍 받았다.

출발은 순조로웠지만 곧 이질적인 구성원들 간에 마찰이 생겼고 결국 이념적·지역적 정체성들이 표면화되면서 충돌하기 시작

---

*2011년 6월 이명박 대통령은 민주평화통일위원회 자문위원회에 임명장을 주면서 "통일은 도둑같이 올 것이다. 한밤중에 그렇게 올 수 있다"라고 말했다.

했다. 북쪽 출신들이 주도했던 축구단이라 남쪽 출신들이 먼저 빠져나가기 시작했고, 탈북 여성과 결혼한 남쪽 출신들이 한동안 머뭇거렸지만 결국엔 그들도 떠났다. 결국 통일축구단은 1년도 채 안 되어 공중분해 되었고 비슷한 시기에 생겨난 남북 출신이 함께 도모한 여러 모임도 비슷한 이유로 자취를 감췄다. 이후 탈북민이 3만 명을 넘어선 지금까지 그러한 시도들은 거의 보이지 않고 성과 역시 미미하다.

지금은 다른 팀에서 공을 차고 있다. 탈북민이 1,000명 가까이 거주하는 지역에서 운동하고 있다. 그곳은 비슷한 환경과 처지의 사람들, 대부분 임대주택에서 기거하는 영세한 사람들이 사는 곳이다. 직업군도 다양하지만 영세하기는 매한가지다. 때문에 연구자들이 탈북민과 남북한 주민을 함께 연구할 때, 그 지역은 주요 '접촉지대'로 거론된다.

동네에는 북쪽 출신들로 구성된 축구팀과 남쪽 출신들로 구성된 축구팀이 있다. 편의상 두 축구팀을 '아랫동네 축구단'과 '윗동네 축구단'으로 부르기로 하자. 실제로는 선주민과 헌터민, 본토인과 이주민, 한강과 두만강, 백조와 까마귀, 한라산과 백두산 등의 별칭으로 서로를 대상화하기도 한다. 윗동네 사람들이 운동할 곳이 여의치 않아 시설이 열악한 곳에서 공을 차고 있었는데 그것을 안쓰럽게 생각한 아랫동네 축구단에서 자신들이 이용하고 있는 두 개의 공간 중 하나를 사용할 수 있도록 허락했다. 손재주가 남다른 윗동네 출신들은 활용도가 높은 여러 운동 시설들을 조립하고 용접하여 감사의 마음을 전했다.

그러던 어느 설 연휴 윗동네와 아랫동네 축구팀이 격돌했다. 경기 때문이 아니라 공간 때문이었다. 두 개의 공간을 차지하고 있던 아랫동네 축구팀이 윗동네 축구팀에게 공간 하나를 내준 것은 당시 구성원들이 많지 않아 공간이 하나면 충분했기 때문이다. 하지만 점점 인원이 늘어나 팀을 나눠 운동해야 할 상황이 되어 공간을 다시 돌려받아야 할 필요가 생긴 것이다.

윗동네 사람들도 처음에는 공간을 선뜻 내준 아랫동네 축구팀에 감사했지만, 지역에 정착하는 과정에서 그 두 시설이 어느 개별 축구팀의 소유가 아니라 지역 주민이라면 누구나 이용할 수 있는 공간이라는 것을 알아차렸다. 그날의 격돌은 하필 가뜩이나 외롭고 허전한 설 연휴에 운동으로 쓸쓸함을 달래던 윗동네 사람들에게 그 공간을 당장 비워줄 것을 요구한 매정함 때문이기도 했다.

아랫동네와 윗동네의 충돌로 경찰이 출동했다. 시설에 대해 줄곧 '고유 영토론'을 주장하던 아랫동네 축구팀은 경찰이 개입하자 슬그머니 '무주지無主地 선점론'으로 입장을 선회하며 화해를 요청해왔고, 윗동네가 못 이기는 척 받아주면서 싸움은 일단락되었다. 재미난 것은 그 이후 윗동네와 아랫동네 축구팀은 슬금슬금 기회를 엿보며 시설로 친입(?)해오는 외부 집단에 맞서 공동으로 대응해 지키고 있다는 점이다. 외부인 집단이 등장할 때마다 공동으로 지켜낸 평화의 공간이 언제까지 유지될 수 있을까도 두 팀의 공통된 고민이 되었다.

이후로 충돌은 없었지만 갈등은 항상 잠재되어 있었다. 서로 다른 이질적 집단들이 서로를 경계하고 있는 기운 때문에 아랫동네 축구팀에 윗동네 출신이 가입한다든지, 윗동네 축구단에 아랫동네 출신이 소속되는 일은 벌어지지 않는다. 간혹 두 집단 사이를 줄타기하는 외부인이 있기도 하지만, 일정한 시간이 흐르면 진정한 둥지를 찾아 어디론가 사라지고 만다.

그러나 시간과 경험이 쌓인 만큼 서로를 이해하며 공존의 기반을 만들어가고 있는 것만큼은 분명해 보인다. 서로 다르게 살아온 문화와 제도의 문제를 이해하고 서로의 장점과 단점을 받아들이기 시작한 것이다.

예를 들면 윗동네의 시간 개념과 아랫동네의 훈시에 관한 것이다. 아랫동네 축구팀은 시간 개념이 철저하여 운동이 시작되는 시간과 끝나는 시간이 정확하다. 경쟁사회가 붙여준 습관일 수도 있고 공동체에 대한 자세 때문일 수도 있다. 윗동네 사람들은 반대다. 아침 9시로 운동 시간을 공지하면 10시쯤에야 나온다. 끝나는 시간도 분위기에 따라 불규칙적이다. 통제된 사회에서 규칙대로 살아온 탓에 한국에 와서도 시간을 정확히 지키는 것이 자유의 침범이라고 생각하는지는 모르겠다.

반대로 아랫동네는 끝도 없는 훈시 문화가 치명적이다. 아랫동네 사람이 윗동네 사람을 만나기만 하면 대상을 불문하고 가르치기에 급급하다. 훈시의 영역은 축구뿐만 아니라 사회의 어느 한두 곳에 국한되지 않고 전방위적이다. 윗동네 사람들은 이곳에 정착한 지 대부분 십 년 전후의 사람들이라 나름대로의 대응책을 마련해왔다. 아랫동네 출신이 어슬렁거리며 다가와서 훈시를 시작하려고 하면 대화의 방향을 재빨리 간파하고 그 분야의 윗동네 전문가를 소개하는 식이다. 전 북한 국가대표팀 축구선수나 현직 대학교수라고 팀의 구성원들을 소개하면 십중팔구는 발걸음을 돌리거나 일방적 훈시 대신 대화와 경청 모드에 돌입한다.

서로를 이해하고 그 위에서 함께해야 한다. 아무것도 몰랐던 그 시절의 '통일축구단'으로 당장 돌아가기는 힘들겠지만 어떻게 상생해야 하는지에 대한 '통일 실험'은 앞으로도 계속되어야 한다. 우리 동네 두 축구팀은 함께 토론을 진행하며 상대의 단점을 공격의 빌미로 사용하기보다는 상대의 장점을 받아들여 나의 단점을 고치기 위해 노력하고 있다. 경기가 끝나면 함께 공간을 정리하며 우정을 쌓아가고 있다.

1945년 8월 15일 조선이 해방되자 백범 김구 선생은 "아, 왜적 항복! 이것은 내게 기쁜 소식이었다기보다는 하늘이 무너지는 일이었다"라고 통탄했다. 이역만리에서 풍찬노숙하며 독립운동을 전개해왔건만 조선의 해방은 우리의 힘으로 이룬 것이 아니었기 때문이었다. 해방을 이룬 것이 아니라 해방을 당한 것이라는 그의 불길한 예감은 적중했고 새로운 비극인 분단이 찾아왔다. 일제 식민지 치하 35년의 두 배도 넘은 세월 동안 우리는 굴절되고 불행한 역사를 써왔다.

순국선열들이 그토록 염원했던 완전한 독립인 통일은 여전히 요원해 보인다. 그리고 분단의 슬픔도 부끄러움도 성찰도 더 이상 남아 있지 않는 것처럼 보인다. 70여 년 전의 해방처럼 앞으로 도래할 통일도 우리가 이룬 것이 아닌 앉아서 당하는 통일이 될까 두렵다. 그런 통일이라면 재분단과 전쟁과 같은 또 다른 비극으로 이어질 수 있기 때문이다.

통일에 앞서 분단을 성찰하고 평화를 중시해야 한다. 통합의 대상인 남북한 서로를 알아가고 상생을 고민하며 통일을 하나의 과정으로 축적해야 하는 이유가 여기에 있다. 우리가 방치했던 한반도의 조난자들은 두려움에 떨면서도 늘 존재해온 지남철처럼 어쩌면 우리가 가야 할 방향을 가리키는 존재인지도 모른다.

감사의 말

십여 년 전 AK자동소총 하나에 목숨을 의지하며 휴전선을 넘어서 이곳에 왔을 때, 맵짠 추위만큼이나 삶도 희망도 얼어붙어 있었습니다. 군인 신분으로 북한에서도 사회 경험이 전무했던 탓에 한국의 경쟁사회에 적응하는 데 적지 않은 어려움이 있었습니다. 탈북민 신분으로 살아가야 했던 분단사회는 녹록치 않았습니다. 혈혈단신에 아무런 연고도 없는 이곳에서 이십 대 초반의 나이로 살아가기란 쉽지 않았지만 용케도 오늘에 이르렀습니다. 몸과 마음이 지칠 때마다 저를 포기하지 않고 상처를 보듬고 자존감을 지켜준 이들이 있어 가능했을 겁니다.

대학에서 우정으로 다가온 남쪽 친구들이 있습니다. 신촌 거리 식당가에서, 섬마을 한글학교에서, 전방 군부대 면회소에서 천진난만했던 우리의 청춘만큼은 남북의 경계선이 없었습니다. 회사와 학교에서 만난 동료와 선배들이 있습니다. 무의식중에 등장하는 출신지가 낯설 만큼, 이를 무시하는 팍팍한 일상의 소소한 주제와 기호들에 질투하며 불만을 토로하는 삼십 대를 우리는 함께 살아가고 있습니다.

학문의 길을 포기하지 않도록 이끌어주신 이신행 교수님께 특별한 마음을 전하고 싶습니다. 은사님은 늘 저를 '승현 군'으로 부르셨습니다. 북한에선 한국 영화나 책에서만 봤던, 제게는 낯선 호칭이었습니다. 은사님은 대학 시절 학부 수업도 따라가기 힘든 제게, 자신이 맡은 대학원 수업에 참여할 것을 권하셨습니다. 공부에 대한 자신감과 학문에 대한 관심을 갖게 된 계기가 되었습니다.

하나원에서 인연을 맺었던 고향 친구들, 특히 성철과 철남, 학교에서 우정을 쌓은 동진과 박민, 그리고 동료 교수이자 인생의 선배로서 함께하는 김명하, 강승호 교수님께 감사의 마음을 전합니다.

이곳에 홀로 왔지만 십여 년 만에 맺어진 수많은 인연들을 보면서 저는 인복이 많은 사람이라는 것을 부정할 수 없습니다. 지금 살고 있는 마을 공동체에서도 소중한 인연을 만들어가고 있습니다. 그들 덕분에 부박한 자본주의사회와 냉정한 경쟁사회에서도, 따뜻한 남쪽 나라의 의미를 새로이 담아내고 있습니다. 표현에 인색하지만 지면을 통해서라도 감사의 마음을 전하고 싶습니다.

그리고 저처럼 이곳에서 새로운 인연을 만들어가고 있는 3만 명이 넘는 탈북민이 있습니다. 서로의 언어와 문화, 관습에 익숙하지 못한 남북한 출신들이 교류하는 것이 쉽지 않겠지만, 우리가 함께 더불어 사는 사회를 만들어간다면 분단 체제 속에서 맞닥뜨리는 한국사회의 위기와 모순까지도 극복해낼 수 있다고 생각합니다. 이를 위해 개인적으로는 좀 더 적극적으로 관계를 확장해나가려고 노력하고 있습니다. 다양한 접촉점과 만남의 기회를 만들어나가려고 시도하고 있습니다. 이러한 시도에 흔쾌히 공감하고 동참하면서 많은 영감을 제공하고 있는 벗들에게 감사드립니다. 비록 작은 인연일지라도 삼삼오오 함께할 수만 있다면 언젠가 상생하는 공동체로 도약할 수 있을 것이라고 확신합니다.

김진형 편집장님, 고맙습니다. 개인사를 써내려가야 한다는 부담감에 주저하고 있을 때, 결코 개인적인 이야기가 아니라고 용기를 주었습니다. 분단에 관한, 어둡고 무거운 주제라서 망설일 때마다, 그것은 우리 모두가 극복해내야 할 오늘의 문제라는 확신을 주었습니다.

남북문제와 탈북민에게 각별한 관심을 갖고 계신 장강명 작가님께서 과분한 추천사를 써주셨습니다. 덕분에 위로와 힘을 얻습니다. 감사합니다.

자나 깨나 고향과 그곳의 사람들을 그리면서 살아왔습니다. 앞으로도 고향으로 갈 수 있기를 소망하며 살아가겠습니다. 미안하고 사랑합니다.

_ 임진각에서 주승현

조난자들

남과 북, 어디에도 속하지 못한 이들에 관하여

1판 1쇄 펴냄 | 2018년 1월 29일
1판 7쇄 펴냄 | 2022년 4월 26일

지은이 | 주승현
발행인 | 김병준
발행처 | 생각의힘

등록 | 2011. 10. 27. 제406-2011-000127호
주소 | 서울시 마포구 독막로6길 11, 우대빌딩 2, 3층
전화 | 02-6925-4185(편집), 02-6925-4188(영업)
팩스 | 02-6925-4182
전자우편 | tpbook1@tpbook.co.kr
홈페이지 | www.tpbook.co.kr

ISBN 979-11-85585-48-2 03300

이 도서의 국립중앙도서관 출판시도서목록(CIP)은
서지정보유통지원시스템 홈페이지(http://seoji.nl.go.kr)와
국가자료공동목록시스템(http://www.nl.go.kr/kolisnet)에서
이용하실 수 있습니다. (CIP제어번호: CIP 2018001093)